KB239288

세상에 대하여
우리가
더 잘 알아야 할
교양

20

지은이 | 옮긴이 | 감수자 소개

지은이 재키 베일리

그림책에서 백과사전에 이르기까지 어린이를 위한 다양한 분야의 교양서를 쓰는 영국 최고의 논픽션 전문 작가입니다. 현재 도서 편집자이자 발행인으로도 일하고 있으며 저서로는 《지금 당장 시작해!》《사춘기 성장 비밀》《친구야, 어떻게 과학을 그렇게 잘 아니?》《친구야! 어떻게 자연을 그렇게 잘 아니?》 등이 있습니다.

옮긴이 장선하

성심여자대학교 영어영문학과를 졸업하고 KBS 방송아카데미 영상번역 작가 과정을 수료하였습니다. 현재는 출판기획 및 전문번역가로 활동하고 있습니다. 역서로는 《고대 문명에 관한 놀라운 진실 그리스》《고대 문명에 관한 놀라운 진실 로마》《세계의 나라들 : 카스트에서 첨단 산업까지 인도 편》《선생님도 놀란 인물 뒤집기 윈스턴 처칠》《마음처방전》《열정》 등이 있습니다.

감수자 김호연

서양사와 과학기술사를 공부했고 현재 한양대학교 기초·융합교육원에 재직 중입니다. 생물학과 이데올로기의 관련성에 대해 연구하며 '과학기술의 역사와 철학(STS)'을 강의하고 있으며, 청소년 대상 '인문학교'를 2008년부터 운영하고 있습니다. 저서로 《우생학, 유전자 정치의 역사》《인문학, 아이들의 꿈집을 만들다》, 역서로 《유전자혁명과 생명윤리》《현대생물학의 사회적 의미》, 논문으로 〈20세기 초 미국의 과학과 법〉〈새로운 유전학, 과거 우생학의 재현인가〉 등이 있습니다.

세 상에 대하여 우리가 더 잘 알아야 할 교양

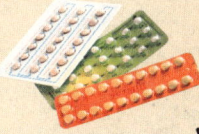

재키 베일리 글 | 장선하 옮김 | 김호연 감수

20

피임
인구 조절의 대안일까?

내인생의책

차례

※ 본문의 **굵은 글씨**로 표시된 단어는 106쪽 용어 설명에서 찾아보세요.

　사실 피임은 다루기 민감한 주제입니다. 피임은 우리 사회의 전통적인 정서 속에서 터놓고 말하기 껄끄럽지요. 대상이 청소년이라면 더욱 그렇습니다. 피임은 그래서 아주 논쟁적인 토론거리가 되기도 합니다.

　역사적으로 피임은 여성들에게 성적 자기 결정권을 가져다준 측면이 있습니다. 고무 콘돔과 먹는 피임약의 개발로 임신의 공포 없이 여성도 남성과 동등한 수준의 성생활을 누릴 수 있게 된 것이죠. 하지만 종교계 일각에서는 피임이 성관계와 재생산을 분리시켜 생명의 탄생이라는 결혼 본래의 목적과 가치를 훼손시킨다고 주장합니다. 임신부의 생명이 위협받거나 성범죄로 인한 임신 등 극히 예외적인 상황이 아닌 한 말입니다. 때문에 여성의 몸에 대한 자기 결정권과 태아의 생명권 논쟁은 철학적으로도 사회적으로도 합의에 이르기 무척 어려운 주제이지요.

　피임은 인구 증가를 막는 수단으로도 널리 쓰이고 있습니다. 중국이 법으로 강제하고 있는 '한 자녀 정책'이 대표적입니다. 우리나라도 불과 얼마 전까지 '아들 딸 구별 말고 하나만 낳아 잘 기르자!'는 운동을 벌였지요. 산아 제한 정책은 아시아를 비롯해 전 세계 30여 개 나라에서 실시됐던 지난 세기의 대표적인 사회 정책 가운데 하나였습니다.

　하지만 국가가 주도한 산아 제한 시도는 정책 집행 과정에서 우생학(eugenics)과 결합해 참담한 비극을 낳기도 했습니다. 지적 장애자, 여성, 빈민, 집시, 이민자 등 사회적 소수자와 약자들에게 시행됐던 강제 불임 시술이 그렇습니다. 미국은 물론 유럽의 사회민주주의 국가들마저 공동체의 질적 보존과 더 나은 사회라는 명목하에 강제 불임 정책을 시행한 바 있지요.

불행히도 그 결과는 참담한 것이었습니다. 민족주의 엘리트들이 불임 시술과 같은 우생학적 정책을 자기들의 정치적 입장을 강화하는 데 이용했거든요. 히틀러가 600만 명에 달하는 유대인을 학살한 게 대표적인 예입니다. 과학이 정치적 목적으로 악용될 때 무슨 일이 벌어지는지 배우는 건 그와 같은 비극이 반복되지 않기 위해 꼭 필요한 과정입니다. 근래 이슈가 되고 있는 장애아 낙태 문제나 배아 유전자 검사에서 우리는 어쩌면 과거의 야만을 반복하고 있는지도 모릅니다.

성관계를 시작하는 청소년들의 연령대가 갈수록 낮아진다는 뉴스가 들립니다. 우리나라가 11년 만에 초저출산국에서 벗어났다는 반가운 뉴스도 접하셨을 겁니다. 반면 지난 5년간 노인 성병 발병률이 61퍼센트나 늘었다는 다소 듣기 민망한 뉴스도 있었어요. 이 책에는 피임에 대한 개괄적 정의와 함께 피임의 여러 종류와 피임이 과연 성병을 막을 수 있는지와 같은 실용적인 내용이 청소년들이 이해하기 쉽게 담겨 있습니다.

피임은 작게는 남녀노소 모두의 관심사이며 크게는 국가의 장래와 밀접하게 관련 있는 사안입니다. 이 책을 통해 올바른 피임 인식의 중요성과 그것이 나 자신과 사회에 갖는 의미에 대해 생각해 보는 계기가 되길 바랍니다.

한양대학교 기초·융합교육원 교수 **김호연**

들어가며 : 20세기 강제 불임의 효시, 미국 '벅 대 벨 소송'

1927년 10월 미국 여성 캐리 벅은 강제로 나팔관을 절제당했습니다. 그녀가 살던 버지니아 주에서 지적 장애가 있는 사람들에게 강제로 불임 시술을 하는 법을 통과시켰기 때문이지요. 캐리와 버지니아 주가 맞붙은 재판은 주 법원을 거쳐 연방 대법원에까지 올라갔고 1927년 캐리는 패소했습니다. 미국 연방 대법원은 버지니아 주의 **단종법**(斷種法)이 다수의 안전과 복지를 추구하는 연방 헌법에 어긋나지 않는다고 판단했어요. 이렇게 벅은 버지니아 주 단종법의 첫 희생자가 되었답니다.

캐리 벅

캐리는 어린 시절 양부모 밑에서 자랐습니다. 캐리의 친모는 지적 장애가 있어 간질 환자 등을 수용하는 곳에 있었기 때문이에요. 캐리는 17살이 되던 해 양부모의 조카에게 성폭행을 당해 그만 임신을 했는데요. 캐리 역시 지적 장애가 있다는 공격을 받아 그녀의 친모가 살던 수용소로 보내졌습니다. 몇 달 후 캐리는 딸 비비안을 출산했지만 버지니아 주

법원은 캐리도 그녀의 친모처럼 딸을 돌볼 능력이 없다고 판단했어요. 비비안은 캐리를 양육했던 바로 그 양부모에게 입양되었지요.

벅 대 벨 소송

버지니아 수용소의 관리자들은 캐리가 불임 시술의 대상자로 꽤 적합하다고 생각했습니다. 그들은 캐리의 딸 비비안 역시 지적 장애가 있으며 그것은 할머니와 어머니에게서 3대째 유전되고 있다고 주장했습니다. 그래서 지적 장애아가 더는 생기지 않도록 캐리에게 불임 시술을 해야 한다는 게 수용소 측의 논리였지요. 이 과정에서 캐리의 학교 성적이 중간 이상이었다는 사실 등 캐리에게 유리한 증거는 의도적으로 무시됐습니다. 아직 갓난아기인 비비안에게 지적 장애가 있는지 판단하기는 섣부르다는 반론도 받아들여지지 않았답니다.

벅과 당시 버지니아 주 수용소장이었던 존 벨의 이름을 따 '벅 대 벨(Buck v. Bell) 소송'이라 불리게 된 이 사건은 이후 미국 전역에서 단종법이 확산되게 되는 결정적인 전환점이 됐습니다. 연방 대법원의 판결을 계기로 미국 33개 주에서 버지니아 주의 법과 유사한 내용의 법이 만들어졌거든요. 1974년 이 법률이 공식 폐기되기까지 반세기에 걸쳐 강제 불임 시술을 당한 사람은 버지니아 주 한 곳에서만 8천 명이 넘습니다. 미국 전역에서의 피해자 수는 6만 5,000명이 넘는 것으로 추정되고 있지요.

우생학

벅 대 벨 소송의 배경에는 우생학(優生學)이라는 당시로서는 최첨단이라 받아들여졌던 과학이 자리하고 있습니다. 우생학을 따르는 사람들은 지능, 신체적 능력, 도덕적 행동 같은 특징은 학습을 통해 배우는 게 아니라 유전적으로 물려받는 거라고 믿었어요. 이러한 특징을 모두 갖춘 사람이 그렇지 못한 사람보다 우수하며 우수한 **유전자**를 가진 사람들이 자녀를 많이 낳아야 인류의 질이 높아진다고 생각했지요. 반대로 우수한 유전자를 갖지 못한 사람들은 인류의 질을 떨어뜨릴 수 있으므로 아이를 낳지 못하게 막아야 한다고 주장했습니다.

이런 우생학이 크게 유행한 나라 중 하나가 미국입니다. 우생학의 신봉자들은 국가적인 산아 제한 프로그램을 실시하여 우수한 유전자만을 모아 미국의 **유전자 풀**(pool)을 향상시켜야 한다고 생각했습니다. 그러한 프로그램의 한 예가 교도소나 정신병원에 있는 사람들에게 하는 강제 불임 시술이었어요. 하지만 당시의 관점에서도 이는 중대한 인권 침해였기에 강제 시술을 뒷받침할 만한 법적 근거가 필요했습니다. 1927년 벅 대 벨 소송에 대한 연방 대법원의 판결은 우생학 지지자들의 주장에 합법적인 구실이 되었습니다.

나치의 인용

벅 대 벨 소송 결과를 가장 적극적으로 받아들인 나라가 바로 독일의 나치 정부입니다. 제2차 세계대전 중 나치는 약 200만 명의 '결함 있는 사람들'에게 불임 시술을 하면서 벅 대 벨 소송 결과를 인용했습니다.

버지니아 수용소 마당에서 엄마인 엠마와 함께 자리한 캐리 벅. 지적 장애자라는 세상의 비난 뒤에 감춰진 진짜 진실은 그녀가 가난하고 교육받지 못했고 미혼이라는 사실이었다.

나치는 불임 시술에서 한 발 더 나아가 인종 청소의 명분으로 벅 대 벨 소송 결과를 이용하기도 했습니다. 그 결과 수많은 집시, 동성애자, 유대인들이 나치의 가스실에서 사라졌지요.

세계대전이 끝난 후 열린 전범 재판에서 나치의 부역자들은 자신들은 미국의 예를 따랐을 뿐이라며 항변했습니다. 전범 재판 과정을 거치며 전 세계인들은 우생학의 비인간성에 경악했고, 그렇게 우생학은 역사의 뒤편으로 물러났습니다. 그렇지만 우생학의 기본적인 아이디어들은 지금도 살아남아 우리 사회 곳곳에서 반복해 등장하고 있습니다. 인구 증가를 통제하려는 제3세계 정부의 시도에서 선진국의 맞춤형 아기(designer baby) 논쟁에 이르기까지 그 흔적을 목격할 수 있답니다.

사회에 적합하지 않은 사람들이 생기지 않도록 미리 막는 것은 온 세상에 도움이 되는 일이다. 타락한 자녀가 범죄를 저질러 처형되거나 지적 장애를 지닌 자녀가 먹을 것을 구하지 못해 굶주리는 모습을 보아야 하는 것보다 훨씬 낫다.

— 1927년 미국 연방 대법원의 벅 대 벨 소송 판결문에서

우생학은 부끄러운 역사이며 주 정부가 절대로 관여해서는 안 될 일이었다. 그 같은 끔찍한 비극이 반복되지 않도록 우리는 수십 년 전 버지니아 주의 실수를 기억해야만 한다.

— 마크 워너 버지니아 주 지사의 2002년 벅 대 벨 소송 75주년 성명서에서

알아두기

20세기의 상당 기간 미국에서는 6만 명이 넘는 사람들이 강제로 불임 시술을 받았다. 주요 대상자는 정신적·신체적 장애가 있거나 교도소에 수감 중인 사람들, 아메리카 원주민들과 아프리카계 미국인이었다. 강제 불임 시술은 다른 치료를 받기 위해 병원에 입원해 있는 동안 은밀히 시행돼 본인조차 몰랐던 경우도 있었다.

피임이란 무엇일까요?

피임이란 의도적이고 인공적인 방법으로 임신을 제한하거나 회피하는 것을 뜻합니다. 더러는 가족계획이란 표현과 함께 사용되기도 하지만 가족계획은 보다 광범위한 뜻을 가지고 있지요. 가족계획에는 피임의 뜻에 더해서 부부가 자녀를 언제 가지고 얼마나 가질지에 대해 전반적으로 계획을 세우는 것까지 포함합니다.

피임이란 의도적이고 인공적인 방법으로 임신을 제한하거나 회피하는 것을 뜻합니다. 더러는 가족계획이란 표현과 함께 사용되기도 하지만 가족계획은 보다 광범위한 뜻을 가지고 있지요. 가족계획에는 피임의 뜻에 더해서 부부가 자녀를 언제 가지고 얼마나 가질지에 대해 전반적으로 계획을 세우는 것까지 포함합니다.

피임하지 않을 경우

피임하지 않고 자연스럽게 임신하고 출산한다고 해도 한 여성이 낳을 수 있는 아이의 수가 무제한인 건 아닙니다. 여성이 임신이 가능한 연령대는 사춘기부터 **폐경** 전까지며 이는 대개 12살에서 50살까지로 볼 수 있습니다.

생리 주기에 따라 다소 개인차가 있지만 해당 연령대에서 임신이 가능한 기간은 다시 한 달에 며칠밖에 되지 않습니다. 임신한 상태에서는 당연히 또 임신할 수 없고요. 아이를 출산한 직후 몇 주 동안도 임신이 되지 않습니다. 물론 여기에는 아이에게 모유 수유를 하고 있으며 생리가 재개되지 않은 상태라는 조건이 붙지요. 이런저런 조건을 고려하면

경제적으로 발달한 선진국에선 대부분이 한두 자녀 가정이지만 일부 대가족을 선호하는 사람들도 있다.

이론상으로 한 여성이 평생 낳을 수 있는 자녀의 최대치는 30명에서 50명 정도입니다.

더구나 모든 임신이 출산으로 이어지는 것도 아닙니다. 대개 임신부 5명 중 1명은 임신 초기에 자연 유산합니다. 여러 가지 이유로 자녀를 갖기 어려운 난임 부부도 있으며 아예 자녀를 가질 수 없는 불임도 있답니다.

피임을 하는 이유

여성이 자연적으로 낳을 수 있는 아이의 숫자가 제한되어 있는데 굳이 인공적인 방법을 써서 피임하려는 이유가 궁금할 수도 있습니다. 그러나 사람들이 인생의 특정한 시기 또는 특정한 상황에서 임신을 피하거나 미루는 데는 그만한 이유가 있답니다. 다음과 같은 상황을 생각해 볼 수 있습니다.

- 자녀를 키우는 데 도움을 받을 수 있는 배우자나 가족이 없는 경우
- 자녀를 키울 만한 경제력이 없는 경우
- 이미 원하는 수만큼 자녀를 둔 경우
- 임신에 대한 걱정 없이 성생활을 즐기고 싶은 경우
- 자녀를 양육할 수 있을 만큼 정서적으로 성숙하지 못했다고 느끼는 경우
- 일 때문에 임신을 미루는 경우
- 임신 때문에 건강이 나빠질 수 있는 경우
- 유전적인 병이나 장애가 있는 경우

뜻하지 않게 임신을 하는 10대들이 많다. 2001년 영국에서는 16살 이하 임산부가 8,000명에 이르렀다. 미국의 10대 임신율은 다른 선진국보다 높아 한 해에 약 75만 명의 10대 임산부가 생겨난다.

알아두기

자녀를 키우는 데는 꽤 많은 비용이 든다. 영국 보험회사 리버풀 빅토리아가 조사한 바에 따르면 아이를 낳아 21살까지 키우는 데 들어가는 비용이 최고 37만 2,000달러(약 4억 1,000만 원)까지 든다고 한다. 음식, 옷, 장난감 등의 기본적인 항목에서 방과 후 수업비, 대학 학비 등의 비용까지 포함한 금액이다.

피임과 낙태

오늘날 인구 조절을 위해 사용되는 방법은 크게 두 가지입니다. 첫 번째 방법은 수정 과정을 방해해 임신을 하지 않는 것입니다. **수정**은 남성의 정자가 여성의 난자에 들어가 합쳐지는 일련의 과정을 뜻하지요. 통상적으로 말하는 피임은 바로 이 수정을 피하는 거예요. 피임 방법은 성관계 자체를 피하는 금욕에서 콘돔 같은 기구를 쓰거나 영구적인 **불임 시술**을 하는 것까지 아주 다양하지요.

두 번째 방법은 수정이 된 후에 사용하는 것입니다. 즉 수정란이 나팔관을 따라 자궁으로 이동하여 자궁벽에 안착하고 난 후에 시행하는 것이지요. 수정란이 자궁에 자리를 잡기까지 5일 정도 시간이 걸립니다. 일단 자궁에 자리를 잡은 수정란은 배아라고 부르고 8주가 지나면 태아라고 하지요.

이때 쓸 수 있는 방법은 자궁 속에서 자라고 있는 아이를 떼어 내는 것입니다. 이를 낙태 또는 임신 중절이라고 하지요. 낙태도 심각한 문제지만, 때를 놓쳐 낙태를 하지 않았을 경우에는 영아 살해와 같은 비극이 일어나기도 합니다. 갓 태어난 아기를 죽이는 것이지요. 영아 살해는 전 세계 거의 모든 곳에서 금지돼 있지만 그럼에도 여전히 발생하고 있습니다.

논쟁의 출발

개개인의 경험, 종교적 신념, 사회 분위기, 사회·경제적 지위 차이에 따라 피임과 낙태를 보는 입장은 미묘하게 갈립니다. 성폭행으로 인한 임신 등 불가피한 경우를 제외하면 낙태를 긍정하는 이는 많지 않아요.

> 난자 속으로 들어가기 위해 그 주변을 둘러싸고 있는 수많은 정자들. 난자 하나에 정자가 하나만 들어가야 정상적으로 수정란이 발생할 수 있다. 수정란은 발생 후에 스스로 무수히 나누어지면서 복잡한 세포 덩어리로 변화한다. 인간의 시작이다.

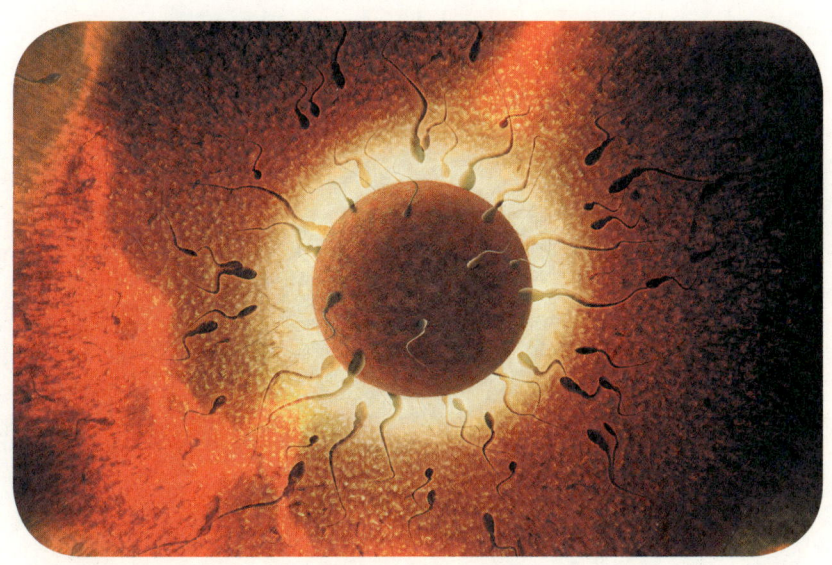

하지만 피임에 대해선 정도의 차이는 있지만 퍽 많은 사람들이 융통성 있게 받아들이지요.

어떤 경우에도 생명의 탄생을 방해하는 건 안 된다고 주장하는 사람들도 있습니다. 낙태는 물론 피임도 안 된다고 생각하지요. 반면 산아제한을 할 것인지, 한다면 낙태와 피임 중 어느 방법을 택할 것인지 결정하는 건 전적으로 개개인의 자유라고 말하는 사람들도 있습니다. 대부분의 사람들은 이 두 가지 극단적인 의견의 중간 어디쯤에 위치한다고 할 수 있을 것입니다.

인구 증가 문제로 임신과 출산을 통제하는 국가들도 있다. 하지만 이러한 국가적인 피임 정책에 대한 부작용을 우려하는 목소리도 크다.

제3세계에서의 피임 문제

피임 문제는 개인의 문제를 떠나 국가 차원에서의 보건·복지와 같은 사회적인 문제와도 연결됩니다. 인구 증가에 따른 환경오염, 자원 고갈 문제를 걱정하는 제3세계 국가들에서 특히 그렇습니다.

현재 많은 나라에서 나름대로 가족계획 프로그램을 만들어 보급하고 있습니다. 보통 이런 프로그램들은 자발적인 참여를 기본으로 하지만 일부 강압적인 방법을 쓰는 나라도 있어요. 피임법을 홍보하고 권장하는 선에서 더 나아가 한 가정당 가질 수 있는 자녀의 수를 법으로 제한하는 것이지요. 중국의 '한 자녀 갖기 운동'이 대표적인 사례라 하겠네요.

찬성 VS 반대

피임은 인생이라는 축제를 즐기려는 사람의 숫자를 인위적으로 줄이는 데 지나지 않는다. 그보다는 인류의 식탁에 풍족하게 빵을 올릴 수 있도록 우리 모두가 최대한 노력을 기울이는 게 맞다.

　　　　　　　－ 1965년 10월 유엔 회의에서 교황 바오로 6세

우리에게는 두 가지 선택지가 있다. 굶주림, 전염병, 전쟁이 하나이고 다른 하나는 피임이다. 대다수의 사람들은 피임을 선택할 것이다.

　　　　　－ 올더스 헉슬리의 1958년 소설 《다시 가 본 신세계》에서

20세기 초에 사용된 각종 천연·합성 스펀지. 정자의 접근을 막기 위해 질 안쪽 벽에 스펀지를 붙이는 방법은 중세 이후에 시작돼 지금도 이용되고 있다. 스펀지만 쓸 때도 있고 특별히 만든 액체나 반죽을 첨가해 사용하기도 했다.

과거의 피임법

아주 오랜 옛날부터 사람들은 삽입 성관계를 통해 임신이 된다는 걸 알고 있었습니다. 삽입 성관계란 남성의 성기가 여성의 질 안으로 들어가는 것을 뜻합니다. 이런 지식을 토대로 고안된 최초의 피임법이 바로 '질외 사정법'입니다. 질외 사정법은 남성이 **사정**하기 직전에 여성의 질 안에서 성기를 빼내는 방법이지요.

다른 피임법으론 남성의 정자가 여성의 난자에 닿지 못하도록 여성의 질 안에 여러 가지 물질을 넣는 게 있습니다. 3,000여 년 전 고대 이집트의 기록을 보면 둘둘 만 목화솜 뭉치에 대추야자와 나무껍질, 꿀을

섞은 반죽을 적셔 질 안에 넣었다는 이야기가 쓰여 있지요.

각종 약초와 식물의 뿌리를 짓이겨 얻은 즙, 동물의 일부분, 금속 부스러기를 섞어 만든 약으로 임신을 막거나 강제 유산을 유도하기도 했습니다. 이런 약들은 독성이 강할수록 효과가 컸기 때문에 여성이 목숨을 잃거나 심각한 장애를 얻는 경우도 있었지요.

영아 살해

인구 조절을 위한 한 방편으로 영아 살해가 공공연히 일어나던 시기도 있었습니다. 재해가 들어 굶주릴 때가 대표적이지요. 먹는 입을 하나라도 줄여야 했으니까요. 신에게 제물을 바친다는 종교상의 이유로 갓난아기를 살해했던 경우도 있었습니다.

낙태가 출산보다 여성의 건강에 더 위험하다고 판단해 일단 아기를 낳은 뒤에 죽이기도 했습니다. 오늘날 영아 살해는 거의 모든 나라에서

알아두기

지난 세기 동안 인간의 평균수명은 크게 증가했다. 그전까지 인간의 평균수명은 20~30살에 불과했다. 영아 사망률이 무척 높았기 때문이다. 하지만 의학이 발전하면서 20세기 전반에 평균수명은 30~45살로 늘어났고 오늘날에는 평균 65살에 이르렀다. 하지만 일부 선진국 국민들의 평균수명은 이보다 훨씬 높은 78살 이상으로 국가별 경제력의 차이가 수명의 차이로 이어지고 있음을 알 수 있다.

불법으로 금지돼 있습니다. 하지만 지금도 이런저런 이유로 갓 태어난 아기를 죽이는 비극이 간간이 일어나고 있답니다.

중세 기독교, 피임을 금하다

중세 기독교는 성교 자체를 일종의 죄악으로 봤습니다. 하느님에게 가까이 가기 위해선 금욕적인 생활이 필요하다고 가르쳤지요. 부부 간의 성교는 오로지 출산을 위한 목적으로만 한정됐습니다. 이렇게 종교적인 분위기가 지배하는 사회에서 피임을 논한다는 건 상상 밖의 일이었지요.

중세 기독교는 여성의 역할을 가정 안에서의 아내와 어머니로만 한정했습니다. 15세기에서 18세기까지 유럽에서는 산파가 약초 등을 이용해

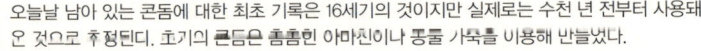
오늘날 남아 있는 콘돔에 대한 최초 기록은 16세기의 것이지만 실제로는 수천 년 전부터 사용돼 온 것으로 추정된다. 초기의 콘돔은 흠흠힌 아마천이나 동물 가죽을 이용해 만들었다.

피임을 돕거나 관여했다가는 마녀로 몰리기 쉬웠어요. 그래서 19세기 이전에 살았던 대부분의 사람들, 특히 결혼하지 않은 젊은 여성들은 성관계가 무엇인지, 어떻게 임신이 되는지 알 방법이 거의 없었지요.

시대의 변화

피임이 주요 관심사로 떠오르기 시작한 지는 채 100여 년이 되지 않았습니다. 그전까지만 해도 출산 조건과 환경이 무척 열악했어요. 출산 도중 목숨을 잃는 산모와 아기가 많았고 무사히 태어난다고 해도 영아 사망률이 높아 어른이 되기 전에 죽는 경우가 많았지요. 그래서 일단 자녀를 많이 낳아야 그중 몇 명이 어른이 돼 부모와 가족을 부양할 수 있었습니다. 보건이나 의학 지식도 충분하지 않아 성관계를 피하는 걸 제외하면 딱히 믿을 만한 피임법도 없었지요.

하지만 근대로 접어들면서 과학과 의술이 발달함에 따라 사람들의 건강, 주거 환경, 식생활 등이 많이 향상되었습니다. 더불어 영아 사망률도 낮아져 아이들이 무사히 어른으로 성장해 가정을 꾸리는 경우가 크게 늘었지요. 그러자 인구가 점점 늘어나기 시작했고, 이런 인구 증가는 근대에 새로운 걱정거리를 몰고 왔습니다.

인구 증가의 공포

19세기 초 영국의 경제학자 토머스 맬서스가 몇 편의 논문을 발표했습니다. 인구 증가를 통제하지 않으면 점점 식량이 부족해지고 결국 전 인류가 굶주림에 시달릴 것이라는 내용이었지요. 맬서스는 결혼은 어느 정도 나이가 들어서 해야 하며 결혼 전까지는 성생활이 금지돼야 한다고 주장했어요.

맬서스의 의견은 많은 사람들에게 영향을 주었습니다. 영국의 개혁가 프랜시스 플레이스도 그중 하나였지요. 플레이스는 1822년 처음으로 피임을 공개적으로 장려하는 운동을 실시했고 질 안에 넣어 쓰는 생리대(탐폰)의 사용을 권장했어요. 1830년에는 로버트 데일 오언이 미국에서 피임에 관한 최초의 책을 출간했습니다. 하지만 당시까지만 해도 대중적으로 통용될 만한 피임법은 많지 않았고 오언 역시 자신의 책에서 질외 사정법 정도를 제안하는 데 그쳤답니다.

피임법의 발달

동물 가죽이나 아마천으로 만든 콘돔은 아주 오래전부터 사용됐습니다. 매독과 같은 **성병**을 막기 위해서였지요. 시간이 흐르면서 피임법과 피임 도구는 더욱 발달했습니다. 19세기에 들어와 좀 더 가볍고 신축성 있는 고무 재질의 콘돔이 대량 보급되기 시작했습니다. 1860년대에는 〈뉴욕 타임스〉에 처음으로 콘돔 광고가 실렸지요.

여성이 질 안에 넣어 사용할 수 있는 고무 가로막과 자궁 경부 캡도 등장했습니다. 낙태도 점차 증가하여 개인적으로 각종 약물 요법을 이용하거나 전문적인 낙태 시술자를 찾는 경우가 늘어났지요.

보수주의자들의 저항 : 콤스톡 법

피임에 대한 사회적 인식 변화를 반기지 않는 사람들도 생겨났습니다. 보수주의자들은 이러한 변화가 문란한 성관계를 부추기고 결혼의 의미를 퇴색시키며 여성이 아내와 엄마로서 갖는 역할을 약화시킨다고 우려했지요.

미국의 보수적 사상가였던 앤서니 콤스톡은 '뉴욕 부도덕 방지 협회'라는 시민단체를 조직했습니다. 그리고 1873년 연방 정부를 설득하여 피임과 관련된 정보나 광고를 음란물로 규정하는 법률을 통과시켰어요. 피임은 물론 일반적인 성교육에 관련된 내용까지 모두 음란하며 비도덕적이라고 규정했지요. 이후 40여 년 동안 콤스톡은 일명 콤스톡 법(반음란법)을 이용해 수천 명을 고발하고 숱한 인쇄물을 소각했습니다. 고발된 사람들은 공중위생에 관한 칼럼을 쓴 의사에서 콘돔 판매원에 이르기까지 아주 다양했답니다.

하지만 이러한 보수주의자들의 저항에도 피임의 필요성을 주장하는 목소리는 커져만 갔습니다. 시간이 흐르면서 피임, 부부 성생활, 가족의 역할 변화와 같은 민감한 주제들이 공개적인 토론거리로 떠오르기 시작했지요.

피임 클리닉과 먹는 피임약의 출현

마거릿 생어(1883~1966년)는 열렬한 피임 지지 운동가였습니다. 빈민가에서 간호사로 일하면서 생어는 잦은 출산과 빈곤이 여성들의 사망률을 높인다고 생각했어요. 그녀는 1916년 뉴욕 브루클린에 미국 최초로 피임 클리닉을 열었는데, 그로 인해 30일 동안 감옥에 갇히기도 했답니다. 생어의 '임신하지 않을 여성의 권리'라는 표현은 당시 사회에 큰 충격을 안겨 줬고, 5년 후에 마리 스톱스라는 여성이 영국에서 첫 번째 피임 클리닉을 여는 계기가 되었습니다.

생어와 스톱스 그리고 그녀들의 클리닉은 보수주의자들의 격렬한 비난을 받았습니다. 하지만 그 노력은 헛되지 않아 이후 전 세계적으로 피임과 가족계획 클리닉들이 속속 만들어졌고 1953년에는 국제적인 산아제한 기구가 출범했어요. 오늘날 의사들이 환자의 건강을 고려해 피임을 지시할 수 있는 권한을 인정받은 건 그녀들의 노력 덕분이지요.

먹는 피임약은 1950년대에 개발되어 1960년대 초부터 일반에 판매되기 시작했습니다. 처음에는 기혼 여성들만 구할 수 있었지만 얼마 지나지 않아 미혼 여성과 10대 소녀들도 사용할 수 있게 되었지요. 피임약은 여성의 사회적 활동을 보장하고 지위를 향상시키는 데 그 무엇과도 비교할 수 없는 결정적인 공헌을 했습니다. 역사상 처음으로 여성들은 간편하고 효과적인 방법으로 원치 않는 임신의 공포에서 벗어날 수 있게 된 거예요.

여성 운동가 마리 스톱스

마리 스톱스(1880~1958년)는 당시로서는 드물게 대학에서 자연과학을 공부한 여성이었습니다. 1906년 독일 뮌헨대학교에서 식물학 박사 학위를 받았지요. 사회 참여형 학자였던 스톱스는 양성평등과 페미니즘을 굳게 지지했고 여성 투표권 운동에도 적극 가담했습니다. 1911년에 결혼했지만 남편이 성기능 불구임을 알게 된 후 1914년에 결혼을 취소하기도 했습니다.

외설적인 책을 출간했다는 이유로 고발하겠다는 위협이 이어졌
지만, 마리 스톱스는 일생 동안 단 한 번도 재판에 회부되지 않았
다. 스톱스는 여성들의 입장을 대변하는 데 평생을 바쳤다.

    1918년 스톱스는 부부 관계의 신체적·감정적 측면을 다룬 책《결혼
후의 사랑》을 출판했는데 이 책은 곧바로 뜨거운 논란에 휩싸였습니다.
영국 국교회를 비롯해 많은 단체에서 이 책을 거세게 비난했고 미국에
서는 판매 금지 처분을 받았습니다. 하지만 보수주의자들의 반발도 이
책의 대중적 성공을 막지는 못했어요. 수천 명의 여성이 책을 구입했고

스톱스에게 조언을 구하는 편지를 보냈으니까요. 대부분 가난하고 식구가 많아서 더는 아기를 갖고 싶지 않은 여성들이었지요. 스톱스는 서둘러 피임법을 다룬 두 번째 책,《현명한 부모가 되는 길》을 출간해야 했습니다.

1921년 스톱스는 여론의 격렬한 비난과 교도소에 가두겠다는 협박을 무릅쓰고 북런던 할로웨이에 영국 최초의 가족계획 클리닉을 열었습니다. 결혼한 여성들을 대상으로 피임에 관한 조언을 하는 무료 클리닉이었지요. 곧이어 영국의 다른 지역에서도 이와 비슷한 클리닉이 속속 문을 열었고 1930년에 스톱스는 그녀의 지지자들과 힘을 합해 피임 협회를 설립하기에 이르렀습니다. 이 조직은 훗날 가족계획 협회로 확대 발전했지요. 오늘날 마리 스톱스 국제 협회에서는 전 세계 40여 개 국가에 산아 제한과 관련된 각종 정보와 서비스를 제공하고 있습니다.

간추려 보기

- 피임은 어떤 형태로든 아주 오래전부터 존재해 왔다. 피임을 지지하는 사람들은 이를 통해 여성의 건강, 여성의 사회적 활동 보장, 가족계획, 인구 조절 등 여러 의미 있는 결과를 얻을 수 있다고 주장한다.
- 한 여성이 평생 낳을 수 있는 자녀의 숫자는 한정돼 있다. 피임을 비판하는 사람들은 인위적인 피임은 불필요하며 자연의 법칙에 거스르는 일이라고 주장한다.

피임의 방법에는
어떤 게 있을까요?

피임을 선택하는 게 옳은가 그른가는 쉽게 결정할 수 있는 문제가 아닙니다. 피임의 여러
방법에 대한 사람들의 의견도 제각각이기 때문에 우선 구체적으로 어떤 차이가 있는지
알아야 할 필요가 있지요.

피임을 선택하는 게 옳은가 그른가는 쉽게 결정할 수 있는 문제가 아닙니다. 피임의 여러 방법에 대해 사람들의 의견도 제각각이기 때문에 우선 구체적으로 어떤 차이가 있는지 알아야 할 필요가 있지요.

자연적인 피임법

사람마다 자연적인 피임법의 정의와 범위에 대해 조금씩 생각들이 다릅니다. 개략적으로 말하면 어떤 기구나 약물을 사용하지 않고 사람의 행동을 바꾸는 데 초점을 맞춘 피임법입니다. 자연적인 피임은 누구나 할 수 있고 부작용이 없으며 따로 비용이 들지 않아 좋지만 실패할 가능성이 높다는 단점도 아울러 가지고 있습니다.

• **금욕** 성관계를 갖지 않거나 적어도 삽입 성관계는 피하는 방법입니다. 금욕은 자연적인 피임법 중 거의 유일하게 100퍼센트 확실한 방법이라고 할 수 있어요. 그러나 삽입 없이 남성의 정액이 여성의 성기 바깥쪽에 묻는 정도로도 임신의 가능성을 완전히 배제

할 수는 없답니다.

- **질외 사정** 삽입 성관계 중 사정을 하기 직전에 남성의 성기를 질에서 빼내는 방법입니다. 오래전부터 피임의 한 방법으로 사용돼 왔으며 지금도 많이 쓰이는 방법이지요. 하지만 남성이 사정의 순간을 정확히 판단하기가 매우 어렵다는 점에서 효과적인 피임법은 아닙니다.

- **모유 수유 연장** 모유 피임이라고도 합니다. 산모가 모유를 먹이는 동안에는 임신이 되지 않는다는 사실에 착안한 피임법입니다. 질외 사정만큼이나 오래 사용돼 온 방법이지요. 그러나 젖병으로 우유를 먹이는 사람들이 점차 늘어나면서 현대 사회에서는 거의 이용되지 않고 있습니다.
출산 후 첫 6개월 동안은 모유 수유로 피임 효과를 볼 수 있습니다. 다만 생리가 다시 시작되지 않았고 아이에게 모유만 먹인다는

알아두기

피임법에 대해 떠도는 속설들이 무수히 많다. 예를 들면 선 채로 성관계를 하거나 성관계 직후 곧바로 목욕을 하면 임신하지 않는다는 말도 있다. 또 첫 성관계에서는 임신하지 않는다거나 생리 중에 성관계를 하면 피임이 된다고도 한다. 그러나 이는 모두 사실이 아니다.

조건이 따르지요. 매일 밤낮으로 일정한 간격에 따라 모유 수유를 하되, 아이가 직접 젖을 빨게 해야 합니다.

- **가임기 인지** 가임기란 임신이 가능한 시기를 말합니다. 이 방법은 여성이 매달 자신의 가임기를 정확히 파악하고 그 기간에 삽입 성관계를 피하는 것이지요. **가임** 시기를 계산하는 방법에는 여러 가지가 있지만 정확하게 해당 기간을 알기 위해선 어느 정도 훈련이 필요하며 알아낸 날짜는 매우 신중하게 관리돼야 합니다. 참고로 가임기 인지 방법은 임신을 원하는 여성이 임신할 가능성이 높은 시기를 알고자 할 때도 사용하는 방법이에요.

알아두기

임신 가능한 연령대에 있는 여성이 피임을 하지 않고 성생활을 할 경우 1년 내에 임신할 가능성이 85퍼센트에 달한다.

차단 피임법

차단 피임법이란 정자가 여성의 질이나 **자궁** 안으로 들어가 난자와 수정되는 것을 막기 위해 물리적인 기구를 쓰는 방법입니다.

미국에서는 혼전 순결이나 금욕 실천 프로그램을 전파하는 기독교 단체가 많다. 실버 링 싱(The Silver Ring Thing)도 그중 하나다. 이 단체는 10대 청소년들의 관심을 끌기 위해 음악 공연, 비디오 쇼, 코미디 공연 등으로 구성된 큰 행사를 열고 개인적인 체험 고백과 같은 소규모 모임을 주관하여 청소년들이 혼전 순결 선서에 동참하도록 설득한다.

혼전 순결 선서에 동참하기로 결심한 사람들은 특별히 제작된 은반지를 구매한다. 이 은반지는 결혼 전까지 순결을 지키겠다는 맹세를 나타내는 징표가 된다. 이미 성경험이 있는 경우에는 은반지 맹세를 통해 '새로운 시작'과 '두 번째 순결'을 약속한다.

실버 링 싱에서는 미국 젊은이들의 도덕성을 높이고 성관계를 통한 성병 감염을 막을 수 있는 길은 혼전 순결 선언뿐이라고 주장한다. 그러나 요즘 들어선 혼전 순결을 선언한 젊은이들이 직접적인 성관계를 피하는 대신 다른 종류의 성행위에 빠져들고 있다는 우려가 나오고 있다. 이런 경우 콘돔마저 쓰지 않기 때문에 성병 감염에 되레 더 취약하다며 걱정하고 있다.

은반지는 반지를 낀 사람이 혼전 순결을 맹세했음을 남에게 알리는 상징이자 자기 자신에게도 그 사실을 일깨우는 징표가 된다.

- **콘돔** 콘돔은 남성이 사용하는 피임 기구로 가장 많이 알려져 있고 또 가장 널리 사용되는 차단 피임법입니다. 특히 젊은 미혼 남성들 사이에서 인기가 높지요. 콘돔은 정확하게만 사용한다면 98퍼센트 이상의 피임 성공률을 기대할 수 있습니다.

하지만 올바르게 사용하지 않을 경우 성관계 도중 남성의 성기가 빠져 버릴 수도 있습니다. 손톱 같은 날카로운 것에 쉽게 찢어지며 로션 같은 이물질이 묻거나 제품이 오래되면 약해지는 단점이 있지요. 그러나 철저한 금욕주의를 제외하면 콘돔을 쓰는 것이 피임에서 각종 성병의 감염을 막는 데까지 가장 성공률이 높은 방법입니다.

페미돔은 여성의 질 안에 삽입하는 여성용 콘돔이다. 올바르게 사용하면 남성용 콘돔에 버금갈 만큼 피임 효과가 우수하다. 성병 감염을 막는 데도 효과가 크다.

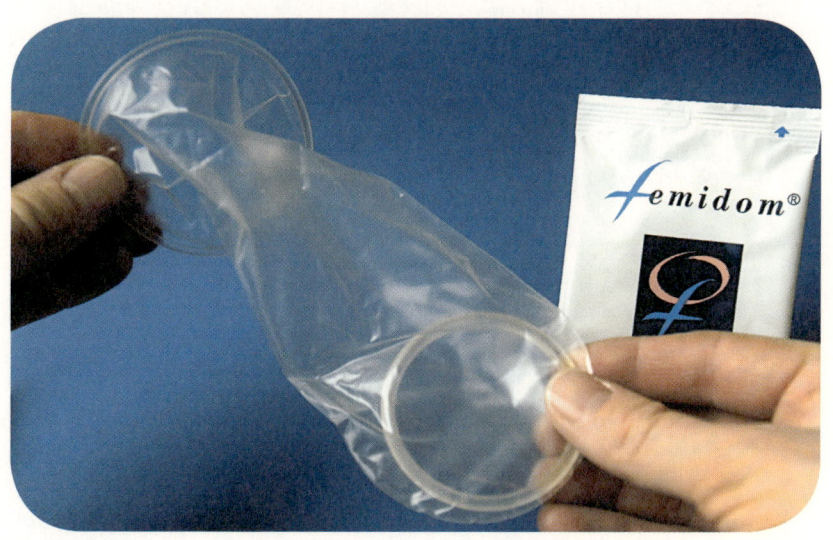

- **고무 가로막·자궁 경부 캡·피임 스펀지** 여성의 질 안에 피임용 기구를 넣는 방법으로 정자가 자궁으로 들어가는 것을 막아 줍니다. 처음에는 정확한 크기를 확인해야 하므로 의사가 삽입해 주지만 이후에는 스스로 넣고 뺄 수 있어요. 이 기구들은 반드시 성관계 전에 삽입해야 하며 최소한 여덟 시간 후에 빼내서 세척해야 합니다. 또한 정자를 죽이는 **살정제**(殺精劑) 물질이 첨가된 크림, 젤, 좌약 등과 함께 써야 하지요. 이 방법으로 약 95퍼센트 정도의 피임 성공률을 기대할 수 있습니다.

- **자궁 내 장치**(IUD, Intrauterine device) 작은 플라스틱과 구리 조각들로 구성된 장치입니다. 오랜 기간 사용이 가능해서 몇 년 동안 자궁 안에 있어도 괜찮습니다. 의사가 설치해 주어야 하며 제거할 때도 반드시 의사가 제거해야 하지요. IUD는 자궁이 액체를 분비하도록 자극하는데 이 액체가 구리 조각들과 섞이면서 정자를 죽이는 물질을 생성합니다.

  IUD의 한 종류라고 할 수 있는 IUS(Intrauterine System)는 IUD와

알아두기

세계적인 성 건강 연구소인 미국 뉴욕 구트마허 연구소에 따르면 성생활을 활발히 하는 여성의 89퍼센트가 어떤 방법으로든 피임을 하고 있다고 한다.

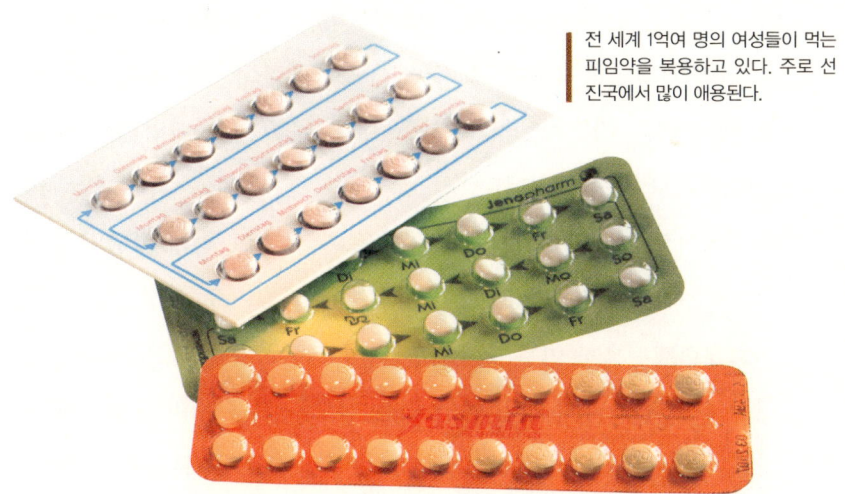

전 세계 1억여 명의 여성들이 먹는 피임약을 복용하고 있다. 주로 선진국에서 많이 애용된다.

매우 비슷한 모양입니다. IUS는 구리를 사용하는 대신 프로게스토겐이라는 **호르몬**을 천천히 분비하며 그 효과는 호르몬 요법과 동일합니다. IUD와 IUS 모두 정자가 난자에 도달하지 못하게 막을 뿐만 아니라 수정란이 자궁에 착상하는 것도 막아 주지요. 두 방법 모두 성공률이 99퍼센트에 이르는 것으로 알려져 있습니다.

• **호르몬 요법** 여성 호르몬인 **에스트로겐**과 **프로게스테론**을 인공적으로 만들어 사용하는 방법입니다. 이 호르몬 제제를 사용하면 여성의 몸은 마치 임신한 것처럼 변해 더는 난자를 만들지 않게 되지요. 또 이들 호르몬 때문에 자궁 입구의 상태가 매우 끈적끈적해져 정자가 지나기도 어렵게 된답니다.

동시에 자궁 안쪽에도 변화가 생겨 수정이 되더라도 수정란이 자궁 내벽에 착상하지 못하고 자궁 밖으로 배출되게 됩니다. 일반적인 생리 때와 비슷한 상황이지요. 호르몬 요법의 피임 성공률도 99퍼센트로 아주 높습니다.

대중적으로 가장 널리 사용되는 호르몬 요법이 먹는 피임약입니다. 먹는 피임약에는 크게 두 가지 종류가 있어요. 에스트로겐과 프로게스테론으로 이루어진 복합 피임약은 21일 동안 매일 먹고 7일간 쉬었다가 다시 21일 동안 먹는 식으로 복용 주기를 순환해야 합니다. 반면에 생리를 유도하는 호르몬인 **프로게스토겐** 단일 성분으로 구성된 피임약은 매일매일 정해진 시간에 먹어야 하지요.

호르몬을 이용한 피임의 다른 방법으로는 몸에 붙이는 패치, 주사 그리고 사후 피임약이 있습니다. 응급 피임약이라고도 부르는 사후 피임약은 한 번만 먹으면 되는 것으로 자신이 사용한 다른 피임법을 믿을 수 없거나 성폭행 등 뜻하지 않은 상태에서 성관계를 가

알아두기

영국 통계청의 2006~2007년 조사에 따르면 50살 이하 영국 여성 중 76퍼센트가 최소한 한 가지 이상의 피임법을 사용한다고 한다. 먹는 피임약이 27퍼센트로 가장 많았으며 그다음이 남성의 콘돔 사용으로 22퍼센트였다. 세 번째로 많이 사용한 방법은 불임 시술로 상대 남성이 받은 경우가 11퍼센트, 여성 본인이 받은 경우가 9퍼센트였다.

진 경우에 사용되지요. 때로는 IUD도 응급 피임의 한 방법으로 사용될 수 있습니다.

불임 시술

불임 시술은 영구적인 피임법으로 평생 자녀를 갖지 않는 경우나 이미 원하는 만큼의 자녀가 있는 경우에 선택하는 방법입니다. 여성의 불임 시술은 두 개의 **나팔관**을 막는 것이며, 남성의 불임 시술은 **수정관**을 막는 것입니다. 두 경우 모두 외과적인 수술을 통해 해당 기관을 자르거나 막거나 덮는 방법을 이용하지요.

불임 시술은 수술 후에 마음이 바뀐다고 해도 대개는 복원할 수 없으므로 매우 신중하게 결정해야 합니다. 간혹 수술을 받은 기관이 자연적으로 복원돼 다시 임신이 가능한 경우가 발생하기도 하지만 이는 매우 드문 경우랍니다.

> ### 알아두기
> 유엔의 2007년 조사에 따르면 15~49살의 기혼 여성 가운데 불임 시술을 받은 경우가 20퍼센트에 이른다고 한다. 불임 시술은 남아메리카와 카리브 해 국가들, 캐나다, 중국, 인도에서 특히 널리 사용되는 피임 방법이다.

알아두기

미국 가족계획 연맹 자료에 따르면 매년 원치 않는 임신을 하는 미국 여성의
수가 300만 명을 넘는다고 한다. 그중 3분의 2는 피임 실패에 따른 결과다.

낙태

다른 형태의 피임법과 달리 낙태는 이미 수정이 이뤄지고 수정란이
자궁 안에서 발달하기 시작한 후에 사용하는 방법입니다. 낙태는 대개
여성이 임신한 사실을 알게 된 후 몇 주 내에 시행합니다. 여성이 낙태
를 결정하고 실행하는 경우를 인공 유산이라고 부르며 자연적인 이유로
낙태가 발생하는 경우에는 자연 유산이라고 하지요.

임신 초기에 이뤄지는 낙태 시술은 비교적 효과적이며 여성의 건강
에도 그다지 위협이 되지 않습니다. 그러나 이미 생긴 태아를 제거하는
행위는 사실상 사람을 죽이는 행위라 여겨져 끊임없이 논란이 되고 있
습니다.

낙태에 관한 법률은 나라마다 다릅니다. 어떤 나라에서는 낙태를 법
으로 완전히 금지하고 있습니다. 아주 예외적인 상황, 그러니까 임신부
의 건강이 위험하거나 성폭행 또는 근친상간에 의한 임신과 같이 극단
적인 상황에서만 제한적으로 허용하지요.

이와 달리 낙태가 가능한 상황을 비교적 폭넓게 인정하는 나라들도

있습니다. 하지만 낙태를 법적으로 인정하는 때에도 낙태 시술을 받을 수 있는 기간이 정해져 있지요. 가령 영국의 경우에는 임신 후 24주 이내에만 낙태 시술이 가능하답니다.

합법적인 낙태 시술은 대개 병원이나 허가받은 클리닉에서 시행하며 구체적인 시술 방법은 임신 진행 상황에 따라 유동적입니다. 약물을 이용한 낙태는 **유산**을 일으키는 약물을 사용하는 것이며, 수술에 의한 낙태는 의사가 외과적 도구를 이용해 자궁 안에서 배아나 태아를 끄집어내 제거하는 방법이지요.

옛날에는 생리 주기를 원활하게 하거나 자연 유산을 유도하는 데 검은 코호시(Black Cohosh) 같은 약초를 이용했다. 낙태에 이용되는 약초들은 대부분 어느 정도 독성을 함유하고 있어서 사용량에 따라 자칫 위험할 수 있고 치명적인 부작용을 일으킬 수도 있다.

알아두기

전 세계적으로 매년 약 4,200만 건의 낙태 시술이 이루어지는 것으로 추정된다. 그중 절반가량은 임신한 여성이 스스로 낙태 방법을 찾거나 의료 면허가 없는 사람이 시술하는 경우다. 적절한 의료 지원을 받지 못한 낙태는 여성의 건강에 치명적이기 쉬우며 때로 목숨을 앗을 수도 있다.

간추려 보기

- 가장 안전한 피임법은 여성이 임신을 원하기 전까지 성관계를 갖지 않는 것이다. 혼전 순결과 금욕을 강조하는 종교 단체들이 주로 이렇게 주장한다.
- 질외 사정, 모유 수유 연장, 가임기 인지 등 대부분의 자연적인 피임법은 성공률이 높지 않다.
- 콘돔, IUD, 먹는 피임약, 불임 시술과 같은 인공적인 피임법은 자연적인 방법에 비해 임신을 방지하는 데 훨씬 더 효과적이다.

피임을 둘러싼 윤리 논쟁

사람들의 도덕적·성적 방종과 피임을 연결 짓는 목소리는 대개 전통적인 형태의 결혼관
과 가족관이 옳다는 믿음에서 시작됩니다. 그리고 여기에는 종교적 믿음이 전제돼 있는
경우가 많지요. 정도의 차이만 있을 뿐 세계의 주요 종교들은 성적 행위를 규제하는 교리
를 갖고 있으며 특별히 피임을 금하는 종교도 있습니다.

어떤 사람들은 피임 논쟁을 윤리적 선택의 문제로 받아들입니다. 그렇다면 피임을 하는 것은 옳은 선택일까요, 그렇지 못한 선택일까요?

피임은 자연 법칙을 거스르는 행위인가?

피임은 인위적이고 자연의 법칙을 거스르는 행위이기에 피임에 반대한다는 사람들이 있습니다. 삽입 성관계는 인간의 재생산을 위해 없어서는 안 될 자연스러운 과정이기 때문에 그런 재생산 과정을 부정한다면 인류는 멸종하고 말 거라고 주장하지요. 재생산은 생물의 본성에서 가장 기본적이고 중요한 부분이며 어떤 이유로든 재생산을 방해하는 것은 나쁘다는 거예요.

하지만 이에 대한 반론도 만만치 않습니다. 이미 사람들은 여러 방법을 통해 예전에는 자연스럽게 받아들여졌던 삶의 과정을 바꾸고 있다는 거지요. 의사가 의학 지식을 동원해 죽어 가는 사람을 살리는 게 좋은 예입니다. 이러한 일이 가능해진 건 그간 인류가 새로운 능력을 배우고 발전시켰기 때문이며 이것 또한 인간 본성의 일부라고 주장합니다. 인간은 그 어떤 생물보다 주변 환경에 잘 적응하고 변화의 요구에 발맞춰 가는 일에 능합니다. 이러한 능력 덕분에 인간은 멸종하지 않고 오히려 더 성공적인 종으로 번성할 수 있었다는 것이지요.

피임은 성적 문란을 조장하는가?

피임을 반대하는 다른 이유는 사람들이 성관계의 원래 목적인 재생산 대신 단순히 쾌락만을 추구하는 분위기에 젖어 들 수 있다는 겁니다. 자칫 배우자 외의 사람과 성관계를 갖는 혼외정사를 부추기거나 가족의 역할을 약화시킬 수 있다고 주장하지요.

1960년대 먹는 피임약의 개발은 성관계에 대한 사회적 태도에 커다란 변화를 예고했다. 앨프리드 킨제이, 미스터스, 존슨, 셰어 하이트(사진)와 같은 연구자들이 발표한 보고서는 평범한 미국인들의 성생활에 관한 기존의 수많은 관념과 오해를 깨뜨렸다.

피임에 반대하는 기독교인들은 피임이 성관계와 재생산을 분리시켜 결혼의 전통적인 목적과 가치를 훼손시킨다고 주장한다.

피임을 지지하는 사람들 역시 임신의 부담이 사라지면 성관계의 자유가 커진다는 데 동의합니다. 하지만 그 자체가 나쁜 일은 아니라고 주장합니다. 서로의 합의하에 책임감 있게 성을 즐기는 것 자체는 조금도 부도덕한 일이 아니라는 것이지요. 적절한 피임법을 사용해 임신에 대한 두려움 없이 성관계를 즐긴다면 서로의 관계가 더욱 돈독해질 수 있다는 주장입니다.

또한 부부가 양육할 수 있는 능력의 범위 안에서 자녀를 낳아야 자녀 하나하나에게 충분한 애정과 사랑을 쏟을 수 있으므로 가족계획 수립을 위해서도 피임은 바람직한 것이라고 주장합니다. 오히려 자녀를 기를 준비가 되어 있지 않은 상태에서 피임 없이 성관계를 갖는 것이야말로 무책임한 행동이라는 거지요.

피임으로 낙태를 줄일 수 있는가?

낙태 때문에 피임을 인정하는 사람들도 있습니다. 낙태는 윤리적으로 더 용납하기 힘든 일이므로 낙태를 줄일 수 있다는 차원에서 피임에 찬성하는 것이지요. 전 세계적으로 피임률이 늘어난 1995~2003년 사이에 낙태 시술 횟수가 크게 줄었다는 조사 결과도 있습니다. 하지만 이에는 반론도 있는데요. 피임을 하면 임신에 대한 걱정이 없어지게 돼 성관계의 횟수가 늘어나기 마련인데 피임이 항상 성공하는 건 아니기 때문에 되레 낙태가 증가할 수도 있다는 것입니다.

알아두기

결혼했거나 성관계를 갖는 애인이 있는 전 세계 여성의 63퍼센트가 피임을 하고 있다. 하지만 아프리카 몇몇 나라의 피임률은 채 20퍼센트에 미치지 못한다.

피임과 종교

사람들의 도덕적·성적 방종과 피임을 연결 짓는 목소리는 대개 전통적인 형태의 결혼관과 가족관이 옳다는 믿음에서 시작됩니다. 그리고 여기에는 종교적 믿음이 전제돼 있는 경우가 많지요. 정도의 차이만 있을 뿐 세계의 주요 종교들은 성적 행위를 규제하는 교리를 갖고 있으며 특별히 피임을 금하는 종교도 있습니다.

힌두교는 세계에서 세 번째로 신자가 많은 종교다. 힌두교는 인생의 일정한 시점에 이르면 결혼을 하고 자녀를 두는 것이 사람의 의무라고 가르친다. 다만 피임에 대한 교리나 반대 의견은 특별히 두고 있지 않다.

기독교의 입장

기독교는 오늘날 전 세계에 가장 널리 퍼져 있는 종교입니다. 기독교에서는 성관계의 유일한 목적은 출산이며 피임은 하느님의 뜻을 거스르는 일이므로 옳지 않다고 생각하지요. 과거 기독교 교회는 결혼을 하고 자녀를 낳아 기를 준비가 되었을 때에만 성관계를 해야 한다고 가르쳤습니다.

그러나 20세기 초에 들어와 이러한 시각에 변화가 생기기 시작했습니다. 시간이 흐르면서 기독교 교회들 사이에서 피임에 대한 입장이 나뉜 거예요. 지금은 성관계 자체가 하느님이 주신 큰 선물 중 하나이며 출산의 목적 외에도 결혼 생활에서 매우 중요한 부분을 차지한다고 생각하는 기독교인들이 많아졌습니다.

오늘날 대부분의 개신교 교회들은 대체로 피임을 받아들이는 편입니다. 1930년 영국 국교회는 기독교 교회 중 최초로 도덕적이며 타당한 이유가 있는 경우 인공적인 피임법을 사용해도 좋다는 성명을 발표했습니다. 다른 개신교 교회들도 차례차례 그 뒤를 이었지요. 단, 절대로 문란한 성관계를 부추기는 데 사용되어서는 안 된다는 단서를 달았지요. 현재 많은 개신교 신자들은 피임을 하고 안 하고는 개인의 양심에 따른 문제라고 생각합니다.

그러나 지금도 하느님의 뜻을 거스른다는 이유로 모든 형태의 피임에 반대하는 사람들이 있습니다. 로마 가톨릭교회는 모든 인공적인 피임법에 단호히 반대하지요. 반대의 이유는 이미 언급된 내용들과 더불어 피임이란 새로운 생명이 시작되는 때를 결정할 권리를 사람에게 주는 것인데, 이는 오로지 하느님만의 영역이라는 이유에서입니다. 로마 가톨릭은 자연적인 피임법, 즉 금욕이나 임신 가능성이 큰 시기에 성관계를 피하는 가임기 인지법 정도만 허용하고 있습니다.

이슬람교의 입장

세계에서 두 번째로 신자가 많은 이슬람교는 피임에 대해 기독교와

사례탐구 인간 생명에 관하여

  1960년대 중반이 되자 교회가 피임에 대한 입장을 완화해 주기를 바라는 가톨릭 신자들이 늘어났다. 그 무렵 먹는 피임약이 개발되었기 때문이다. 일부 주교와 성직자들은 공개적으로 피임을 지지하는 발언을 하기 시작했고 당시 교황이었던 바오로 6세는 그와 관련된 연구를 지시했다. 희망적인 변화가 있을 거라는 소문이 돌면서 기대감이 높아졌다.

  1968년 교황은 '인간 생명에 관하여(Humanae Vitae)'라는 회칙을 통해 먹는 피임약에 대한 가톨릭의 입장을 밝혔다. 그러나 소문과 달리 모든 형태의 인공적인 피임을 금지한다는 기존의 입장이 재확인되면서 전 세계 사람들에게 큰 충격을 안겼다. 교황의 결정은 현대 가톨릭 신자들에게 말할 수 없는 부담을 줬다는 평가를 받았고 실제로 이 부분에 있어서 교회의 가르침을 따르지 않는 신자들이 많은 게 현실이다. 2008년 가톨릭 잡지 〈태블릿(The Tablet)〉이 영국에서 실시한 조사에 따르면 가톨릭 신자의 절반이 먹는 피임약이나 콘돔과 같은 인공적인 피임법을 쓰는 것으로 나타났다.

알아두기

성경과 코란 어디에도 피임에 대한 가르침이 구체적으로 나와 있지는 않다.
피임과 낙태에 대한 기독교와 이슬람교의 생각은 대개 특정한 구절을 해석한
내용을 바탕으로 한다. 그 내용은 다음과 같다.
　성경 : 생육하고 번성하라.(창세기 1장 28절, 9장 7절)
　코란 : 가난 때문에 자녀를 죽이지 마라.(17장 31절, 6장 151절)

다른 견해를 가지고 있습니다. 이슬람 율법은 신자들에게 영구적인 피임이 아닌 한 부부 사이에서의 피임은 허용합니다. 즉 불임 시술만 금지하고 있지요. 그러나 모든 형태의 피임에 일체 반대하는 이슬람교 교단도 일부 있답니다.

낙태는 살인이다

산아 제한과 관련해서 모든 종교의 견해가 일치되는 부분이 있습니다. 바로 낙태는 윤리적으로 잘못된 선택이라는 것이지요. 아주 특수한 상황에서는 낙태를 인정하는 종교도 있습니다. 그러나 낙태는 한 생명이 시작된 이후에 일어나는 것이고 그 생명을 없애는 일이기 때문에 사람을 죽이는 것과 다름없다는 게 일반적인 종교인들의 생각입니다. 살인을 긍정하는 종교는 없고 낙태 역시 마찬가지라는 것이지요.

낙태를 살인이라고 보는 입장에서도 가장 강경한 부류가 난자와 정

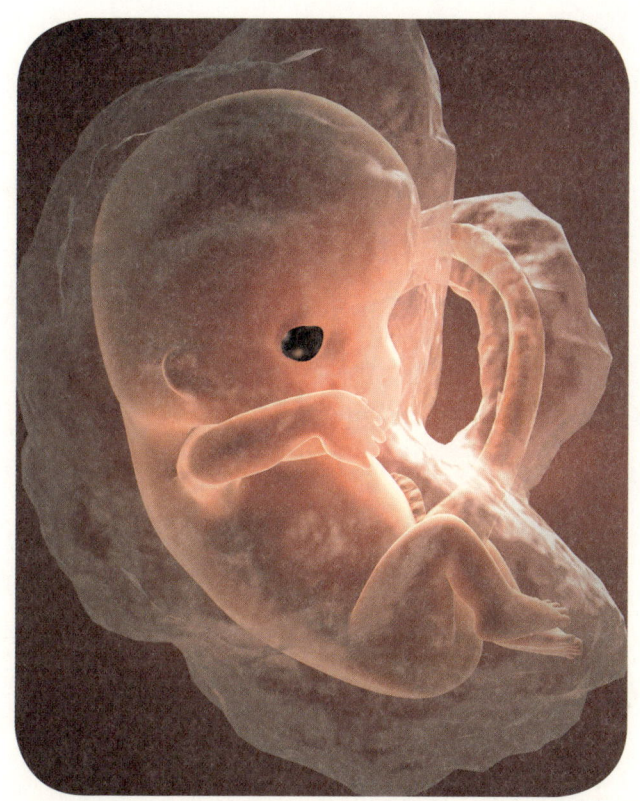

낙태에 관한 논쟁에서 배아나 태아를 언제부터 하나의 인간으로 인정할지 여부는 대단히 뜨거운 감자다. 정자와 난자가 만나 수정이 되는 순간, 자궁 안에서 태아의 움직임이 느껴지는 시기(16~17주), 태아가 자궁 밖에서도 살아남을 수 있는 시기(23~25주), 출산 이후에 이르기까지 매우 다양한 의견이 있다.

자가 수정되는 순간부터 고유하고 독립적인 생명 또는 생명의 가능성이 시작된다고 주장하는 사람들입니다. 이런 입장에 서면 낙태는 물론 낙태를 일으킬 수 있는 피임법을 사용하는 것도 곤란해집니다. 여기서 낙태를 일으킬 수 있는 피임법이란 수정란이 자궁벽에 착상하는 것을 방해할 수 있는 IUD, 호르몬 요법, 응급 피임법 등을 들 수 있지요. 이런 주장은 로마 가톨릭교회의 적극적인 지지를 받았고 다른 기독교 교회들도 어느 정도 동의하고 있습니다.

하지만 그 외의 종교들은 보다 온건한 입장을 취하기도 합니다. 비록 도덕적으로 비난받는다고 해도 낙태를 할 수밖에 없는 어쩔 수 없는 상황이 있다고 생각하지요. 예를 들면 임신으로 인해 임신부의 목숨이 위태로운 경우나 태아의 장애가 매우 심각하여 태어난다고 해도 생존 가망이 희박한 경우 등을 들 수가 있어요.

윤리적 문제에도 불구하고 낙태가 정당화되는 상황이 있다고 인정하는 사람들에게는 낙태 시점이 이슈가 됩니다. 예를 들면 이슬람교의 경우 임신 7주 이내에만 낙태를 허용하는 교단이 있는가 하면 임신 16주까지 가능한 곳도 있어요. 해당 기간이 지난 후에는 오로지 임신부의 생명이 위태로운 경우에 한해 낙태 시술을 인정하지요.

낙태는 개인의 선택 문제다

앞에서 언급된 여러 입장보다 훨씬 자유로운 견해도 있습니다. 낙태를 결정하는 것은 매우 어려운 일로 개인의 양심에 맡겨야 하는, 전적으로 개인의 선택 문제라는 주장이지요. 그러나 이런 입장에 서는 사람들도 낙태의 비윤리적인 면을 고려해 임신 후 최대한 빠른 시간 내에 해야 한다고 강조합니다.

낙태는 무조건 비윤리적이라는 주장에 동의하지 않는 사람들도 있습니다. 특히 임신 초기의 배아는 단순히 세포 덩어리에 불과하며 사람이 아니기 때문에 배아를 제거하는 것은 살인과는 전혀 다르다는 입장이지요.

낙태에 대한 입장이 워낙 다양하고 첨예하다 보니, 여성의 건강과 복지 차원에서 접근해야지 도덕적 잣대로 판단할 문제가 아니라고 보는 사람들도 있습니다. 가장 극단적인 견해로는 낙태를 인구 조절의 간편한 한 방편으로만 여기는 사람들도 있답니다.

찬성 VS 반대

여러분 마음속 깊은 곳에서는 태어나지 않은 아기도 여러분과 나처럼 하느님의 사랑을 받는 인간이라 생각한다는 걸 잘 알고 있다. 그런 사실을 잘 알고 있으면서 어떻게 일부러 한 생명을 파괴할 수 있는가?
— 1994년 유엔 카이로 국제회의에서 마더 테레사

원치 않는 임신과 불법 낙태, 원치 않는 자녀로 인해 엄마가 겪는 고통이나 죽음은 감수하는 게 당연하다고 주장한다면, 그런 도덕성은 한낱 위선에 지나지 않는다.
— 1994년 유엔 카이로 국제회의에서 그로 할렘 브룬툴람 노르웨이 수상

- 대다수의 종교는 삽입 성관계의 목적이 새로운 생명을 창조하는 것이고 좋은 일이며 신이 계획한 일 중 하나라고 가르친다.
- 새 생명을 원치 않으면서 단지 성관계만을 위해 피임을 하는 것은 잘못된 일이라고 주장하는 종교도 있다. 특히 생명을 파괴하는 낙태에 동의하는 종교는 없다.
- 피임을 지지하는 사람들은 옳고 그름의 문제가 아니라 그것을 선택하는 상황과 의도에 따라 판단해야 한다고 주장한다. 책임감 있고 신중한 접근이 요구된다는 게 그들의 입장이다.
- 대부분의 사람들에게 낙태는 전적으로 옳은 것도 그른 것도 아니다. 다만 낙태를 허용할 수밖에 없는 몇몇 예외적인 상황만 있을 뿐이다.

4

CHAPTER

여성의 피임권과 태아의 생명권

피임을 찬성하는 사람들은 피임을 도덕적 이슈라기보다는 일종의 권리의 문제라고 생각
합니다. 인간이라면 누구나 가지는 권리를 말하지요. 예를 들면 공정한 재판을 받을 권
리, 차별받지 않을 권리, 재산을 가질 권리, 일할 권리, 교육받을 권리, 개인의 사상과 신
념을 자유롭게 표현할 권리 등을 생각해 볼 수 있습니다. '피임할 수 있는 권리'도 이런
권리들과 다르지 않다고 주장합니다.

피임을 찬성하는 사람들은 피임을 도덕적 이슈라기보다는 일종의 권리의 문제라고 생각합니다. 인간이라면 누구나 가지는 권리를 말하지요.

예를 들면 공정한 재판을 받을 권리, 차별받지 않을 권리, 재산을 가질 권리, 일할 권리, 교육받을 권리, 개인의 사상과 신념을 자유롭게 표현할 권리 등을 생각해 볼 수 있습니다. '피임할 수 있는 권리'도 이런 권리들과 다르지 않다고 주장합니다.

재생산의 권리

피임을 지지하는 사람들은 자녀를 낳을 것인지, 낳는다면 언제 얼마나 낳을 것인지 결정하고 자신이 원하는 피임법을 선택하는 것은 개인의 자유라고 주장합니다. 이를 '재생산의 권리'라고 부르는 사람들이 점점 늘어나고 있습니다.

유엔(UN)은 이러한 견해를 지지하는 입장입니다. 1968년 이란에서 열린 인권에 대한 유엔 국제회의에서 처음으로 다음과 같은 내용의 성명서를 채택했습니다. "부모는 자녀의 수와 터울을 자유롭고 책임감 있게 결정하고 이에 관해서 적절한 교육과 정보를 제공받을 기본 권리가 있다."라는 게 주 내용이지요.

재생산의 권리와 관련해 1994년 인구와 발달에 대한 유엔 국제회의가 발표한 성명서에는 이런 내용이 포함돼 있습니다. "모든 커플과 개인이 자유롭고 책임감 있게 자녀의 수와 터울, 자녀를 낳을 시기 등을 결정할 수 있고 그에 필요한 정보와 도움을 받을 수 있으며, 건강한 성과 재생산의 권리가 있음을 인정한다. 또한 재생산과 관련하여 어떠한 차별, 강요, 폭력으로부터 자유로운 의사 결정권이 있음을 인정한다." 라고 말입니다.

유엔은 아이들의 권리를 보호해야 한다고 특별히 강조하고 있다. 유엔 아동 권리 조약에는 교육과 건강에 대한 권리, 사랑과 이해를 받는 행복한 환경 속에서 자랄 권리 등이 포함돼 있다.

고대 문명이 시작되던 때부터 인간의 기본권과 자유에 대한 믿음이 싹트기 시작했다. 인류의 역사는 그러한 권리를 확립하고 보호하기 위해 끊임없이 투쟁해 온 산물이라고 해도 과언이 아닐 것이다.

예컨대 1215년 영국에서 제정된 대헌장(Magna Carta)은 전제군주의 통치를 받는 신민들의 권리를 보호하기 위해 영국 왕의 권리를 제한했던 최초의 시도였다. 그 뒤를 이어 1776년 미국 독립선언문, 1789년 프랑스 인권선언, 1864년 국제 적십자사를 탄생시킨 제네바 협약으로 오늘날 우리가 보는 인권 관련 법률들의 주요 밑바탕이 완성되었다.

20세기 전반 참혹했던 두 차례의 세계대전 이후 전 세계 58개 국가들이 모여 유엔을 탄생시켰다. 유엔 출범의 목표는 '더욱 평등하고 정의로운 세상'을 만드는 데 있었고 1948년 유엔은 세계 인권선언문을 발표했다. 이 성명서에는 "모든 인간은 태어날 때부터 자유로우며 존엄과 권리에 있어 평등하다. 인종, 피부색, 성별, 언어, 종교, 기타 어떤 신분에 의해 차별받지 않으며 모두가 동등한 권리를 가진다."라고 명시되어 있다. 이후 성적 권리와 재생산의 권리가 선언문에 포함되는 등 세계 인권선언은 전 세계인의 인권을 개선, 강화, 보호하는 데 주춧돌이 되고 있다.

뉴욕에서 열린 유엔 총회에는 전 세계 대부분의 독립 국가 대표들이 참석한다. 이 총회의 주된 목표는 세계 평화와 인류의 발전을 위해 노력하는 것이다.

19세기 말에서 20세기 초 여성 투표권 요구 시위에 참가한 여성들. 당시까지만 해도 여성들은 사회적으로 거의 아무런 권리가 없었다. 투표를 할 수도 없었고 주요한 공적 자리에 오를 수도 없었다. 교육을 전혀 못 받거나 아주 최소한의 교육만 받았고 여성들에게 돌아가는 일자리도 남의 집안일을 돕는 것 정도가 전부였다. 재산 소유권도 물론 인정되지 않았다.

여성의 차별받지 않을 권리

피임에 대한 논쟁은 여성의 권리를 보장하기 위한 투쟁에서 핵심적인 요소입니다. 여성의 권리를 옹호하는 사람들은 임신과 출산을 몸소 겪는 당사자는 남성이 아닌 여성이고 자녀 양육에서 중요한 역할을 맡는 사람도 대개 여성이므로 임신과 출산 여부를 결정짓는 건 오로지 여성이 선택할 문제라고 생각하지요. 그러므로 여성의 피임 선택권을 제한하거나 금지하는 건 그 자체로 성적 차별 내지는 여성 차별이라고 주장합니다.

더구나 임신을 걱정하지 않고 성관계를 즐길 수 있는 권리는 여성 역시 남성과 동등한 수준으로 누릴 수 있어야 합니다. 그런데도 여성의 피임권이 제한된다면 이는 성적 자유에 대한 기본권을 빼앗아 가는 것과 마찬가지가 되며 당연히 성차별이라는 거예요.

또한 임신과 출산은 여성이 직업을 갖고 경제적으로 독립할 수 있는 가능성에도 부정적인 영향을 끼칩니다. 그러므로 피임을 막는 건 여성을 남편, 가족, 국가 등에 의존할 수밖에 없는 무력한 존재로 만드는 것이라 비판합니다.

오늘날에도 일부 제3세계 국가에선 피임 보급률이 매우 낮다. 아프리카의 몇몇 국가들에선 아직도 전체 여성의 4분의 3이 피임을 비롯한 가족계획의 도움을 전혀 받지 못하고 있다.

피임을 선택할 수 있는 권리

여성들에게 피임권을 보장한다는 게 반드시 여성이 피임을 해야 한다는 의미는 아닙니다. 외부의 간섭이나 위협 없이 스스로의 판단으로 자유롭게 피임을 선택할 수 있어야 한다는 뜻이에요. 여성 운동가들은 피임과 관련된 종합적이고 적절한 정보와 조언, 자유로운 선택권이 보장되어야 여성들에게 피임권이 실질적인 의미를 가질 수 있으며 더 나아가 올바른 가족계획의 밑거름이 될 수 있다고 지적합니다.

아직도 전 세계적으로 여성에게 가해지는 성폭력과 학대가 적지 않은 상황에서 피임에 대한 접근을 막는 건 지나치게 부당한 처사라는 비판도 있습니다. 성폭력과 학대는 정신적·신체적 손상뿐만 아니라 종종 원치 않는 임신으로 이어지기도 하는데요. 원치 않는 임신이나 너무 잦은 임신으로 질병을 얻거나 목숨을 잃는 여성들이 많을 때 여성 본인과

찬성 vs 반대

합리적이고 책임감 있는 여성은 투표권을 원하지 않는다. 지금의 문명 세계에서 여성과 남성에게 부여된 상대적인 역할 차이는 아주 오래전 우리보다 훨씬 더 현명한 존재들이 이미 정해 놓은 것이다.
 — 그로버 클리브랜드 미국 22대·24대 대통령

여성에게 가해지는 폭력은 성적 불평등을 가져오는 원인이자 결과다.
 — 조이 푸마피 세계 보건 기구 산하 '가족과 지역 사회 건강 사무국' 사무국장보

알아두기

세계 보건 기구(WHO)와 구트마허 연구소에 따르면 전 세계에서 매년 50만 명에 달하는 여성들이 임신과 출산과 관련된 합병증으로 목숨을 잃는다고 한다. 대략 매일 1,500명의 여성이 사망하는 셈이며 이러한 죽음의 99퍼센트가 극빈국에서 발생하고 있다.

그 가족들이 감수해야 하는 고통은 이루 말할 수 없답니다. 이런 경우 피해 여성의 피임 선택권을 막는 건 피해 여성에게 가해지는 이중의 성폭력이라는 지적입니다.

태아의 생명권

산아 제한에 반대하는 사람들은 인간의 기본권 중 생명에 대한 권리, 즉 아직 태어나지 않은 아기의 생명권을 강조합니다. 주로 낙태 문제에서 이 논쟁은 뜨거워지지요. 그러나 피임 역시 인간이 생명을 얻을 수 있는 가능성을 제한한다는 이유로 피임과 낙태 모두에 반대하는 사람들도 있습니다. 생명에 대한 권리와 임의로 생명을 박탈당하지 않을 권리는 세계 인권선언에도 명시돼 있는 인간의 기본권이며 세계 대부분의 나라에서 법으로 보호하고 있습니다.

생명권 논쟁에서 의견 대립이 가장 심한 부분은 인간의 생명이 시작되는 시점을 언제로 봐야 하느냐에 관해서입니다. 종교 단체들의 주장

여성들 사이에서도 낙태에 관한 의견은 분분하다. 사회의 다른 영역에서는 여성의 권리를 지지하지만 낙태에서만큼은 태어나지 않은 아기의 권리가 엄마의 권리보다 더 중요하다고 생각하는 여성들도 있다.

대로 난자와 정자가 수정된 순간부터 생명이 시작된다고 봐야 할까요? 아니면 단순한 세포 덩어리에서 완전한 형태를 갖춘 태아로 발달하는 과정 중의 어느 시점으로 생각해야 할까요? 그것도 아니면 세상에 태어나는 순간, 즉 아기가 스스로 숨 쉴 수 있는 존재가 되는 순간부터 인간의 생명이 시작되는 걸까요?

일단 세상에 태어난 후에는 아기도 다른 사람과 마찬가지로 생명에 대한 권리를 가진다는 사실에 누구나 동의합니다. 낙태에 관한 법률 대부분이 태아가 자궁 밖에서도 생존이 가능한 시기가 지난 후에는 낙태를 금지하고 있지요. 그러나 현재 태아의 권리에 대해 일반적으로 받아들여지는 통일된 견해는 없는 상태입니다.

프로 초이스(Pro Choice) 대 프로 라이프(Pro Life)

낙태 논쟁의 양면에는 이른바 '프로 라이프'와 '프로 초이스'라는 상반된 두 움직임이 있습니다. 두 그룹 모두 자신들의 주장을 법률로 공인받기 위해 각 나라에서 활발히 활동하고 있지요.

대체로 프로 라이프 운동은 사형이나 안락사 등 생명에 대한 권리에 위협이 될 만한 일체의 모든 행위에 반대하는 입장입니다. 그중에서도 낙태 분야에서 활동이 가장 활발하지요. 사실 프로 라이프 운동의 지지자들 중 대다수가 생명의 존엄을 믿는 기독교인들이며, 이들은 배아나 태아와 같은 순수한 형태의 생명을 아주 중요시합니다. 그들은 여성이 자신의 몸을 통제할 수 있는 권리보다 태아의 생명에 대한 권리가 우선시되어야 한다고 믿지요. 그들의 목표는 낙태를 허용하는 법률을 폐지하거나 가급적 축소시키는 거예요.

프로 초이스 운동은 프로 라이프 운동에 반대되는 개념에서 출발하였습니다. 이 운동은 주로 여성의 권리, 특히 아기를 가질지 가지지 않을지 결정할 수 있는 여성의 권리에 초점을 맞춥니다. 그 안에는 성교육, 피임, 안전하고 합법적인 낙태, 임신 촉진 치료를 받을 수 있는 권리 등이 포함되지요. 여기에는 남편, 가족, 사회 등으로부터 피임이나 낙태를 강요받지 않을 권리도 포함됩니다. 프로 초이스 운동의 핵심 개념은 여성이 외부의 간섭으로부터 벗어나 자신의 몸을 스스로 통제할 수 있게 하자는 것이니까요.

사례탐구 ## 로 대 웨이드 소송

1973년 로 대 웨이드(Roe v. Wade) 소송에서 미국 연방 대법원은 낙태에 대한 여성의 권리는 미국 헌법이 보장한 인간의 사생활에 속한 권리라고 판결했다. 모든 여성은 최소한 임신 3개월 안에는 정부의 간섭 없이 의사의 조언을 받아 낙태 여부를 결정할 자유가 있다는 판결이었다.

그전까진 미국 대부분의 주에서 임신부의 위급 상황과 같이 피치 못할 경우가 아니라면 낙태가 금지됐기에 이는 획기적인 판결이었다. 이 판결로 인해 낙태를 금지하거나 제한하는 미국의 모든 주와 연방의 법률들이 폐지되었다. 이 사건은 연방 대법원이 내린 판결 중 역사상 가장 큰 논란이 되었고 정치적 의미를 남긴 사례로 기록되었다.

한편 이 판결은 패배한 프로 라이프 진영에 크나큰 충격을 주었다. 이후 그들은 '인권 수정 조항'이라고 알려진 헌법 수정 탄원을 만들어 수차례 미국 의회에 상정했지만 지금으로선 별다른 성과가 없는 실정이다.

아기에게 장애가 있는 경우

지난 수십 년간 의학이 비약적으로 발전하면서 생명권과 낙태에 관한 또 다른 문제가 생겨났습니다. 의사들은 다양한 종류의 검사를 통해 임신 초기에 태아의 성별뿐만 아니라 신체적·정신적 장애가 있는지 여부도 예측할 수 있게 되었어요. 바로 여기에서 문제가 발생했지요. 장애의 가능성이 있거나 이미 발생한 장애를 근거로 낙태할 수 있는 권리를 인정해야 하는지, 인정한다면 장애의 기준을 어느 선까지로 해야 할

낙태가 허용되는 나라의 경우라도 대개 남성들은 낙태가 결정될 때 이 문제에 개입할 만한 법적 근거가 없다. 일부에서는 아기가 태어나면 법적으로 아기를 부양할 의무가 아빠에게도 주어지므로 낙태에 관해서도 남성들에게 여성들이 누리는 것과 동등한 수준의 권리가 주어져야 한다고 주장한다. 지난 30여 년간 미국과 영국에서 남성들이 자신의 파트너가 낙태를 하지 못하게 막아 달라고 법원에 탄원하는 사례가 몇 건 있었지만 지금까지 성공한 적은 없다.

지가 문제가 된 것입니다.

사실 태아의 장애는 법률이 인정하는 낙태의 가장 전형적인 사유 중 하나입니다. 우리나라의 낙태 관련 법률도 그렇습니다. 원칙적으로 우리나라는 낙태를 금지하고 있습니다. 하지만 모든 낙태가 불법인 건 아닌데요. 우리의 모자보건법(母子保健法)은 태아에게 '우생학적 또는 유전학적 정신 장애나 신체 질환이 있는 경우'나 '전염성 질환이 있는 경우'를 낙태가 가능한 사유로 명시하고 있습니다. 이런 경우 임신 24주 이내에 낙태를 허용하지요.

한편에선 장애를 근거로 낙태 시술을 받는 게 결코 정당화될 수 없다는 주장이 점차 신중하게 제기되고 있습니다. 장애인 인권 운동가들은 낙태에 관한 법률이 장애를 가진 태아와 그렇지 않은 태아를 똑같이 대하지 않으며 이는 명백한 차별이라고 주장합니다. 장애가 있는 사람의 삶은 그렇지 않은 사람의 삶에 비해 중요하지 않다는 의미를 내포하고 있다는 것이지요. 장애가 있는 태아도 장애가 없는 태아와 마찬가지로 똑같이 보호받을 권리가 있다고 주장합니다.

인도를 포함해 몇몇 나라에서는 남자아이를 선호하는 문화가 아직도 강하게 남아 있다. 그래서 배 속의 태아가 여자라는 사실을 알게 되면 원치 않는 성별이라는 이유로 낙태를 강행하는 부모들이 있다. 인도 정부는 성별에 따른 낙태를 불법으로 금지하고 있지만, 태어나는 아기들의 성비를 보면 남아에 비해 여아의 비율이 비정상적으로 낮다.

의료인이 자신의 양심을 따를 권리

의료인의 직업윤리란 항상 자신이 맡은 환자의 건강을 최우선으로 여겨야 한다는 것입니다. 그래서 환자의 사생활을 보호할 의무가 있고 환자가 자신이 받을 치료법을 현명하게 결정하도록 필요한 모든 정보를 제공할 의무가 있지요. 의학적으로 심각한 판단 착오가 아닌 한 의료인은 환자의 결정과 선택을 존중해야 할 의무가 있습니다.

그러나 의료인에게도 권리가 아주 없는 것은 아닙니다. 낙태 문제에서는 대개 태아와 여성의 권리만을 중심으로 논쟁이 전개되지만, 사실 낙태 시술을 해야 하는 의료인에게도 고뇌가 있습니다. 낙태와 같은 시술에 대해 종교적·윤리적으로 강한 거부감이 들 때 '양심의 권리'를 이유로 의료인은 시술을 거부할 수 있어요. 피임약이나 사후 피임약의 처방, 응급 피임 조치 등을 거부할 수도 있지요.

그러나 이러한 경우에도 의료인은 환자가 어떤 방법을 선택할 수 있는지 정확하게 알려 주고 도움을 받을 수 있는 다른 의료인을 소개해 주어야 합니다. 유럽과 미국에서는 최근 낙태를 반대하는 일부 약사들이 양심의 권리를 이유로 여성들에게 사후 피임약의 판매를 거부한 사례가 있었답니다.

앨리슨 소프

2007년 영국 여성 앨리슨 소프는 동네 병원 의사에게 딸의 자궁을 들어내는 자궁 절제술을 부탁했다. 앨리슨 소프의 딸 케이티는 당시 15살이었고 뇌성마비를 앓고 있어서 신체적·정신적으로 심각한 문제가 있었다.

앨리슨은 케이티가 자궁 절제술을 받으면 매월 생리를 치러야 하는 고통, 불편함, 모욕감 등으로부터 해방될 거라고 생각했다. 어차피 케이티는 생리가 무엇인지 이해하지도 못했고 적절하게 대처할 능력도 없었기 때문이다.

하지만 병원 측에서는 몇 달간의 검토 끝에 의학적으로 꼭 필요한 수술이 아니라는 이유로 앨리슨의 요청을 거절했다. 이 사례는 자녀의 처지를 고려한 최선의 선택이라며 엄마의 입장을 지지한 쪽과 딸의 인권을 침해하는 행위일 뿐이라는 반대쪽 입장이 맞서면서 사회적 논쟁이 되었다.

간추려 보기

- 여성 인권 운동가들, 특히 프로 초이스 운동의 지지자들은 아기를 가질지, 가진다면 언제 얼마나 가질지 결정할 권리는 온전히 여성 개인에게 있으며 자신의 결정을 실행하는 데 필요한 피임법을 선택할 권리도 온전히 여성 개인에게 있다고 주장한다.
- 프로 라이프 운동의 지지자들은 태아도 다른 사람들과 똑같이 생명에 대한 권리를 가지고 있으며, 자신을 스스로 보호할 수 없는 상태이므로 사회는 더욱 각별히 보호해야 한다고 주장한다.

5

CHAPTER

제3세계에서의 피임 문제

인구 조절의 방책으로 피임을 이야기하는 것에 동의하지 않는 사람들도 많습니다. 피임
논쟁은 각국 정부들이 인구 문제의 진짜 원인으로부터 도망가는 데나 유익할 뿐이라는
것이지요. 제3세계에서 아이들이 버려지는 진짜 이유는 국가적·사회적 빈곤 때문이며,
이는 유엔과 각국 정부들이 감당해야 할 일이지 개개인들에게 피임법이나 가르쳐 막을
수 있는 문제가 아니라고 주장합니다.

미국 뉴욕 소재 구트마허 연구소에 따르면 전 세계적으로 매년 약 2억 500만 건의 원치 않은 임신이 발생한다고 합니다. 그 결과 방치되거나 버려지는 아이들의 수가 수백만 명에 달하고 있지요. 세계 어디에서나 원치 않은 임신은 개인에게는 건강 및 보건 문

전 세계적으로 100만 명이 넘는 아이들이 교도소나 소년원에 갇혀 있다. 하지만 그중 대다수는 가벼운 범죄를 저지른 경우다. 열악한 환경에서 노동 착취를 당하거나 매춘 조직에 잡혀 있는 아이들의 수도 대략 840만 명에 이르고 있다.

제를, 사회 전반적으로는 치안 불안과 범죄 문제를 야기합니다.

제3세계에서의 피임과 인구 조절

피임을 지지하는 사람들은 70억 명이 훌쩍 넘는 인구로 지구는 이미 포화 상태이며 더는 아이를 낳아야 할 사회적 이유가 없어졌다고 말합니다. 되레 아이를 낳아 기를 준비가 돼 있지 않다면 임신을 피해야 할 사회적인 책임이 있다고 말하지요. 일부 극빈국에서는 방치되고 버려져 고아가 된 아이들을 위한 대책 마련이 시급한 실정입니다.

한 인구 관련 조사 기관에서는 '무방비 상태에서의 성관계는 건강을 해치는 두 번째 위험 요인이며 목숨을 잃는 다섯 번째 위험 요인'이라고 지적하기도 합니다. 버림받는 아이들의 숫자를 줄일 수 있는 현실적인 방안은 피임뿐이라고 생각하는 사람들이 많지요. 이를 위해 여성이 원

세계 어디에서나 방치되고 버림받은 아이들이 존재한다. 주된 이유는 가난, 미아, 가족 해체 그리고 자녀를 키울 능력이 없는 어린 나이의 엄마들 때문이다.

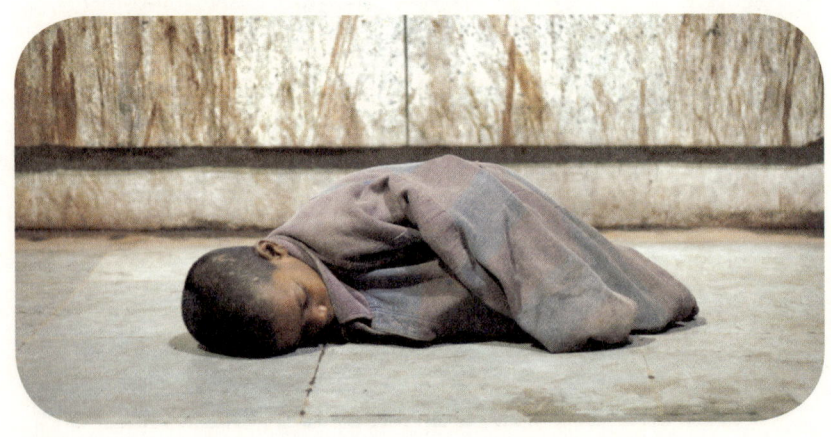

한다면 효과적인 피임법을 무료로 제공해야 한다고 주장합니다. 그럼으로써 질병, 전쟁, 천재지변 등으로 어려움에 처한 아이들을 돕는 데 더 많은 자원을 투입할 수 있다는 거예요.

제3세계에서의 인구 조절과 피임은 동전의 앞뒤 면처럼 함께 가는 개념이라는 게 이들의 주장입니다. 결혼해서 자녀를 기를 생각이 없는 사람은 성관계도 갖지 말라고 요구할 순 없는 노릇이니, 피임은 필수라는 것입니다. 이들은 기혼 가정에서도 양육할 형편이 되지 않는다면 아이를 더 낳지 않도록 피임이 필요하다고 주장합니다. 미혼인 경우와 마찬가지로 남들보다 가난하다는 이유로 성생활을 하지 말라고 요구할 수는 없는 노릇이니, 이 경우에도 피임은 필수라는 뜻이지요.

사회적 빈곤과 피임

인구 조절의 방책으로 피임을 이야기하는 것에 동의하지 않는 사람들도 많습니다. 피임 논쟁은 각국 정부들이 인구 문제의 진짜 원인으로부터 도망가는 데나 유익할 뿐이라는 것이지요. 제3세계에서 아이들이 버려지는 진짜 이유는 국가적·사회적 빈곤 때문이며, 이는 유엔과 각국 정부들이 감당해야 할 일이지 개개인들에게 피임법이나 가르쳐 막을 수

알아두기

세계 보건 기구와 유엔 아동 기금(UNICEF)은 전 세계적으로 거리에서 생활하는 아이들이 1억 명에 달하는 것으로 추정한다.

있는 문제가 아니라고 주장합니다.

이런 입장에 서 있는 사람들은 빈곤 가정에 국가가 더 많은 관심과 자원을 쏟아 부모들이 자녀를 잘 보살필 수 있게 된다면 버려지는 아이들의 수가 줄어들 거라고 생각합니다. 부모들에게 더 나은 교육과 직업의 기회를 제공하는 것도 아이들이 버려지는 문제의 근본적인 해결책이 될 수 있다고 주장하지요. 그리고 지금 당장 버려지는 아이들을 위해서는 그들을 성심성의껏 보살필 수 있는 다른 입양 가족을 찾는 일에 사회적 노력을 기울이는 편이 낫다고 말합니다.

필리핀은 아시아에서도 높은 빈곤율과 빠른 인구 증가율을 보이는 나라들 중 하나다. 국민 대부분이 가톨릭교도인 관계로 필리핀은 정부 차원에서 실시하는 피임 정책이 없고 시민 단체에 따로 예산을 지원하지도 않는다. 피임약 판매가 특별히 불법인 것은 아니지만 빈곤에 시달리는 필리핀 사람들에게 약을 살 만한 경제적인 능력은 없다.

알아두기

유엔 인구 기금(UNFPA)에 의하면 개발 도상국에 피임 관련 서비스를 제공하는 데 드는 비용이 매년 약 71억 달러(약 7조 7,000억 원)에 달한다고 한다. 이 비용은 다음과 같은 문제가 일어나지 않도록 방지하는 데 쓰인다.

- 1억 8,700만 건의 원치 않은 임신
- 6,000만 건의 계획에 없던 출산
- 1억 500만 건의 인공 유산(낙태)
- 2,200만 건의 자연 유산
- 270만 건의 영아 사망
- 21만 5,000건의 임신과 관련된 사망
- 산모의 사망으로 엄마를 잃는 68만 5,000명의 아이들

멕시코시티 정책 : 낙태 비용은 원조할 수 없다

가난한 나라들이 산아 제한이나 가족계획에 관한 지원을 국민들에게 무료로 제공하기에는 재정적으로 부담이 되는 게 현실입니다. 선진국의 지원이 절실히 필요한 분야 중 하나라 할 수 있지요. 미국의 경우 국제 사회에서 원조 규모가 큰 나라 중 하나인데 어느 당이 집권하느냐에 따라 낙태 관련 지원 규모에 큰 차이를 보입니다.

1984년 미국의 레이건 대통령은 멕시코시티에서 열린 유엔 인구 회의에서 일명 '멕시코시티 정책'이라 불리는 해외 원조 방침을 발표했습니다. 내용인즉 미국의 원조를 받는 해외 비영리 단체 중 낙태에 관한 정보나 조언을 제공하는 곳에 대해서는 지원을 끊겠다는 것이었지요.

가족계획 분야에 지원은 하되 낙태는 안 된다는 말이었습니다.

멕시코시티 정책은 이후 미국의 정권이 바뀔 때마다 폐지와 재도입을 반복했습니다. 1993년 민주당의 빌 클린턴 대통령이 폐지했다가 2001년 공화당의 조지 W. 부시 대통령이 다시 부활시켰지요. 그러다가 다시 2009년 민주당의 버락 오바마 대통령에 의해 현재는 폐지된 상태입니다. 낙태를 반대하는 공화당과 찬성하는 민주당의 노선 차이가 미국의 대외 원조 정책에도 큰 영향을 미친 사례지요.

미국이 멕시코시티 정책을 시행할 때면 원조를 받는 나라에선 숱한 가족계획 단체와 관련 클리닉들이 문을 닫았습니다. 이로 인해 가난하고 교육받지 못한 계층에서 큰 어려움을 겪었어요. 이들은 피임에 대한 정보에도 어두웠고 신뢰할 만한 피임법을 택하기엔 돈도 없었습니다. 특히 직접 돈을 벌지 못하는 어린 소녀들에게는 문제가 더욱 심각했지요.

영국 국제개발부에 따르면 원치 않은 임신을 한 대부분의 여성들이 결국 선택하는 건 불법 낙태라고 합니다. 하지만 불법 낙태는 안전을 보장할 수 없기에 매년 6만 8,000명에 이르는 여성들이 목숨을 잃고 있으며 불임이나 질병 감염과 같은 심각한 문제에 시달리고 있는 여성들의 수는 그보다 더 많습니다.

낙태가 합법화돼 안전한 시술이 보장된다면 여성 사망률과 수술 중 감염 가능성을 크게 줄일 수 있다고 주장하는 사람들이 많습니다. 구트마허 연구소에 따르면 1996년 남아프리카에서 낙태가 합법화된 후 낙태 때문에 발생하는 감염 비율이 52퍼센트나 줄었다고 합니다.

라틴 아메리카 나라들은 세계에서 가장 엄격한 낙태 금지 정책을 시행하고 있다. 이 지역 국가들 대부분이 기독교 국가이기 때문이다. 칠레, 엘살바도르, 도미니카공화국에서는 낙태를 전면 금지하고 있으며 그 밖의 다른 나라에서도 극히 제한적인 상황에서만 낙태를 허용하고 있다. 제한적으로나마 낙태가 가능한 경우에도 시술을 받기란 여간 어려운 게 아니어서 대부분의 의사들이 수술이 가능한 시기가 지날 때까지 일부러 시간을 끌거나 딱 잘라 시술을 거부하는 경우가 많다.

그 결과 역설적으로 라틴 아메리카는 세계에서 불법 낙태율이 가장 높은 지역이 됐다. 라틴 아메리카에서만 매년 400만 건에 이르는 불법 낙태가 시행되고 있으며 이는 임신부 사망의 가장 큰 원인이 되고 있다.

찬성 VS 반대

안전하고 효과적인 가족계획 방법을 알기 원하는 여성의 수는 최소 2억 명이 넘는다. 하지만 남편, 가족, 사회의 도움이 부족하거나 관련 정보와 서비스를 이용하는 데 어려움을 많이 겪고 있다.

– 유엔 인구 기금

나의 신념은 국내와 해외를 막론하고 우리 미국인들의 세금이 낙태를 옹호하고 장려하거나 낙태 비용으로 쓰이는 데 흘러가서는 절대 안 된다는 것이다.

– 조지 W. 부시 미국 43대 대통령

피임은 진정 안전한 대안인가?

피임에 반대하는 사람들은 임신이나 출산과 마찬가지로 피임 또한 위험이 따른다고 주장합니다. 특히 IUD와 호르몬 요법이 그렇다는 것입니다. 예컨대 먹는 피임약과 같은 호르몬 요법의 경우 혈관 속에서 피가 굳는 혈전 현상이나 이에 따른 심장 질환을 증가시킬 수 있으며 해당 질병에 유전적으로 취약한 경우 위험성이 더 커진다고 합니다. 유방암의 발병률도 조금 더 올라가지요.

IUD는 생리통이나 불규칙적인 출혈을 야기할 수 있으며 질 안에 각종 염증과 감염을 일으킬 수도 있습니다. 매우 드물지만 자궁벽에 구멍을 낼 수도 있지요. 비교적 인체에 무리가 적다는 피임법도 이 정도인데 낙태 시술에 따르는 부작용과 위험은 더 말할 게 없겠지요.

그러나 한편으로 피임은 난소암이나 자궁암의 위험을 낮추는 데 효과가 있으며 골반 감염을 막아 주고 생리통을 덜어 주는 효과도 있습니다. 현재 통용되고 있는 피임법에 문제가 전혀 없는 것은 아니지만 잦은 임신과 출산 때문에 발생 가능한 위험에 비한다면 피임에 따른 위험은 훨씬 가볍다고 할 수 있지요.

에이즈와 콘돔 사용 문제

피임과 관련된 논쟁에서 발생하는 부차적이지만 매우 중요한 이슈 중 하나가 성병 감염, 특히 에이즈 감염을 막는 차원에서의 콘돔 사용 문제입니다. 매년 성병에 감염되는 사람들은 에이즈를 제외하고도 3억 4,000만 명에 이르는데 그 대부분이 여성이며 특히 젊은 여성들이 많다고 합니다.

에이즈를 유발하는 인간 면역 결핍 바이러스(HIV, Human Immuno-deficiency Virus)에 감염된 사람도 현재 전 세계적으로 3,300만 명에 달하며 매년 250만 명의 새 감염자가 발생하고 있는 실정입니다. 좀 더 이해하기 쉽게 말한다면 5초에 한 명씩 에이즈에 감염되고 10초에 한 명씩 사망하고 있다는 이야기입니다. 우리나라도 2012년 초 7,030명의 에이즈 감염자가 보고돼 있으며, 실제로는 이보다 서너 배는 더 많을 것으로 추정하고 있습니다. 에이즈의 확산은 우리는 물론 전 세계적으로 아주 심각한 문제입니다.

현재로서는 에이즈의 완전한 치료제는 없습니다. 병의 진행 속도를

성생활이 활발한 젊은 남녀들은 성병의 위협에 항시 노출돼 있다. 전 세계적으로 매일 약 50만 명의 젊은이들, 특히 젊은 여성들이 성병에 감염되고 있다(HIV 제외).

늦춰 주는 약만 있을 뿐이지요. 완벽한 금욕 실천을 제외한다면 에이즈 등 성병 감염을 막을 수 있는 유일한 방법은 콘돔을 쓰는 것입니다. 어린 나이부터 성관계를 시작하지 않도록 주의하고 지나치게 많은 사람들과 성관계를 하지 않는 것도 중요하지요.

그러나 피임에 반대하는 사람들은 콘돔이 100퍼센트 믿을 수 있는 보호 장치는 아니며 콘돔 사용을 장려하는 것은 되레 성병에 걸린 사람들에게 계속 성관계를 하라고 부추기는 것과 같다고 우려합니다. 그 대신 가장 효과적이고 유일한 방법인 금욕 실천을 통해 에이즈 등의 성병이 확산되는 것을 막아야 한다고 주장하지요.

에이즈 환자들 대부분이 수치심에 시달리며 자신을 바라보는 사회적 시선을 두려워해 제때 필요한 도움을 받지 못하고 있다. 에이즈에 대한 그릇된 사회적 인식은 에이즈의 확산을 부추기는 가장 주요한 요인이다.

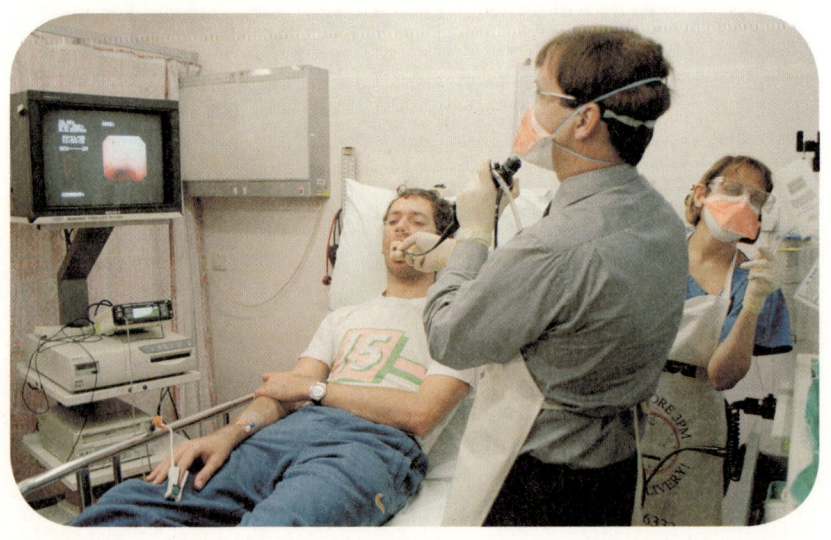

가톨릭교회에선 생리통이 심하거나 생리 주기가 불규칙한 여성들에게 순수 치료 목적으로 먹는 피임약을 쓰는 것을 허용합니다. 그러나 콘돔을 사용하는 데는 반대하지요. 콘돔을 쓴다고 해서 성병 감염으로부터 100퍼센트 안전하지는 않다는 게 이유입니다. 콘돔을 만드는 데 사용되는 라텍스라는 물질에는 아주 미세한 구멍이 있는데 그 구멍 사이로 HIV가 통과할 수 있다고 주장하지요.

그러나 세계 보건 기구와 유엔 에이즈 프로그램에서는 올바른 과정을 거쳐 생산된 남성용 라텍스 콘돔을 적절하게 보관하고 사용한다면 전염성 박테리아와 HIV를 포함한 바이러스가 침투할 수 없다고 밝힌 바 있습니다.

알아두기

아프리카의 극빈국 중에는 HIV가 심각하게 퍼져 있는 곳들이 많다. 이들 나라의 국민들은 대부분 콘돔을 구입할 돈이 없기 때문에 선진국에서 기부하는 무료 콘돔에 의지할 수밖에 없다. 2005년 유엔은 최소 130억 개의 콘돔이 있어야 에이즈의 확산을 막는 데 도움이 되고 40억 개 이상의 콘돔이 가족계획에 필요하다고 추정했다. 그러나 같은 해 기부된 콘돔의 총 개수는 18억 개에 불과했다.

간추려 보기

- 버림받고 방치된 아이들은 전 세계적인 사회 문제다. 피임 사용을 지지하는 이들은 피임법에 대한 정확한 정보 제공과 동시에 자유롭게 피임을 할 수 있는 사회적 분위기가 조성돼야 이러한 문제를 줄일 수 있다고 주장한다.
- 피임 사용의 지지자들은 원치 않은 임신과 출산, 불법 낙태, 성병 감염을 줄이는 데 피임법이 도움이 된다고 주장한다. 또한 가난으로 가족계획이 필요한 경우에도 도움이 될 수 있다고 강조한다.
- 피임을 반대하는 이들은 피임 논쟁이 정부가 빈곤, 노숙, 공중보건과 같은 진짜 문제들로부터 사회적 시선을 돌리는 구실이 되고 있다고 주장한다. 그보다는 성적 자제력을 기르도록 교육하는 데 더 많은 노력을 기울이고 각 가정에서 자녀를 키우는 데 필요한 실질적인 도움을 제공하는 것에 초점을 맞춰야 한다고 주장한다.

피임을 통한 인구 조절

피임이 인구 증가를 통제하는 효과적인 방법이라는 데 많은 사람들이 동의합니다. 그래
서 몇몇 개발 도상국에서는 국민들의 임신과 출산을 강력하게 통제하기도 하지요. 나름
대로 성공을 거둔 사례가 없진 않지만 사실 이는 국민의 인권을 심각하게 제약하는 조치
입니다. 선진국에서의 피임이 개인의 자발적인 선택이라는 점과 극명하게 비교되지요.

2013년 현재 세계 인구는 70억 명을 넘었고 계속 증가하고 있습니다. 2050년이 되면 100억 명에 이를 것이라는 게 유엔 인구국의 예측이지요. 채 반세기가 되지 않는 기간 동안 30억 명가량 인구가 증가할 것이라는 이야기입니다. 참고로 1950년 무렵만 해도 세계 인구는 25억 명 수준이었답니다.

인구 문제

인류는 오래전부터 인구 증가에 따른 자원 고갈을 우려해 왔습니다. 과학 기술이 진보하면서 식량 생산은 분명 늘었지만 석탄·석유 등의 자원 고갈 문제는 여전히 해결하지 못하고 있지요. 인구 증가에 따라 폭발적으로 증가하는 쓰레기도 걱정거리입니다. 환경 문제도 그다지 나아질 기미가 보이지 않고 있지요. 깨끗한 공기와 물은 이제 정말 흔치 않은 자원이 되었습니다.

하지만 인구 증가가 세계 모든 지역에서 고르게 나타나는 현상은 아닙니다. 지역별·국가별로 편차가 심하다는 이야기지요. 한 나라의 인구는 출생률, 사망률, 이민율 등의 영향을 받지요. 소득이나 교육 수준이 높고 이에 따라 여성의 사회적 지위가 높은 나라에선 대개 출산율이 낮습니다. 주요 선진국의 경우 이민을 많이 받아들이고 있는데도 인구 증가율은 거의 0퍼센트에 가깝습니다. 낮은 출산율 때문이지요. 반면 경제적으로 낙후된 나라들은 질병과 극심한 빈곤으로 사망률이 높지만 출생률 또한 높아 인구가 빠르게 늘고 있습니다. 출생률이 높은 데는 낮은 피임 보급률이 한몫하고 있지요.

인구 조절을 위한 강제 피임

피임이 인구 증가를 통제하는 효과적인 방법이라는 데 많은 사람들이 동의합니다. 그래서 몇몇 개발 도상국에서는 국민들의 임신과 출산을 강력하게 통제하기도 하지요. 나름대로 성공을 거둔 사례가 없진 않지만 사실 이는 국민의 인권을 심각하게 제약하는 조치입니다. 선진국에서의 피임이 개인의 자발적인 선택이라는 점과 극명하게 비교되지요.

예컨대 인도는 세계에서 중국 다음으로 인구가 많은 나라입니다. 1950년대부터 인도는 국가적인 가족계획 프로그램을 만들고 피임을 홍보했지만 높은 출생률은 잡히지 않았어요. 1970년대에 들어서 인도 정

알아두기

2007년 인구와 개발 및 생식 보건에 관한 영국 상하원 공동위원회(APPG)에서는 앞으로 20년 안에 물 부족으로 고통받는 사람들의 수가 최소 27억 5,000만 명에서 최대 32억 5,000만 명에 이를 것이라고 예측했다.

부는 극단적인 조치가 필요하다고 느꼈고 특히 빈곤 계층에 대가족이 많다는 사실에 불안해했습니다. 1975~1977년에 인도 정부는 국가 비상사태를 선포했고 수천 명의 빈민층 사람들에게 강제 불임 시술을 실시했습니다. 이 사건은 인도 민주주의 역사에 씻을 수 없는 오욕으로 남았고 인권을 위해 싸우던 전 세계의 많은 사람들에게 크나큰 충격을 안겨 주었지요.

중국의 한 자녀 정책

전체 인구가 13억 명에 이르는 중국은 세계에서 인구가 가장 많은 나라입니다. 대략 세계인의 5명 중 1명이 중국에서 살고 있는 셈이지요. 중국의 인구는 20세기 후반 들어 거의 두 배 가까이 늘어났고 인구 증가 속도에 놀란 중국 정부는 1979년부터 '한 자녀 정책'이란 극단적인 산아 제한 정책을 시작했습니다. 임시 정책으로 시작한 한 자녀 정책은 한 가정에 한 명을 넘는 자녀를 두는 것을 금지하는 것이지요. 부모 중 한 사람이 외아들 또는 외딸이거나 소수 민족 출신인 경우 등 극히 일부의 경우에만 예외가 인정됩니다. 중국에서 가장 많이 사용되는 산아 제한 방법은 IUD, 불임 시술과 같은 피임법과 낙태가 있습니다.

한 자녀 정책이 적용되는 것도 지역에 따라 다릅니다. 시골 지역에선 두 명의 자녀를 허용하는 곳이 많거든요. 반면 도시 지역에선 규제가 엄격하여 한 명 넘게 자녀를 둔 게 적발되면 무거운 벌금형에 처해지고 부모는 직장에서의 불이익도 감수해야 합니다. 산아 제한을 담당하는 공무원이 여성에게 낙태를 강요하는 경우도 있습니다.

한 자녀 정책은 남자 아기를 선호하는 중국의 전통적인 분위기 속에서 심각한 부작용을 불러왔습니다. 여자 아기들이 낙태되거나 태어난 뒤 버려지거나 죽임을 당하는 경우가 빈번히 발생했습니다. 남아 선호 사상은 중국 전체 인구에 심각한 성비 불균형을 가져와 오늘날 중국은 여성에 비해 남성의 수가 비정상적으로 많습니다. 중국의 신생아 성비는 2008년 여아 100명당 남아 120.1명으로 최고치를 기록한 뒤 지난해 117.8명으로 낮아졌지만 여전히 심각한 상황입니다. 일반적인 신생아 성비는 여아 100명당 남아 103~107명이 적정 수준이니까요. 앞으로 10년 안에 중국은 결혼 적령기의 남성이 여성보다 매년 100만 명 더 많아 노총각들의 결혼이 갈수록 어려워질 것으로 우려된답니다.

▌중국 길거리에서 흔히 볼 수 있는 한 자녀 가정 홍보 포스터.

유엔 인구 기금은 극심한 빈곤에 시달리는 사하라 사막 이남 아프리카 지역에 사는 사람들의 숫자가 1990년 2억 3,100만 명에서 2001년에는 3억 1,800만 명으로 늘어났다고 발표했다.

중국은 한 자녀 정책을 통해 출산율 증가 현상을 잠재움으로써 소기의 목적을 달성했습니다. 지금은 줄어든 젊은 층 때문에 되레 노동 가능 인구의 부족을 걱정해야 하는 수준까지 됐지요. 육아 부담이 줄어들면서 여성들의 사회 활동이 활발해지는 등 의외의 성과도 거뒀습니다. 그러나 한 자녀 정책을 비판하는 사람들은 그간 중국 정부의 태도가 지나치게 강압적이었다고 지적합니다. 국민들의 자발적 호응을 얻는 데 주력하기보단 행정 편의적인 태도에 머물렀다는 것이지요. 굳이 강압적인 정책을 쓰지 않았어도 지금과 비슷한 성과를 얻었을 거라 주장하는 사람들도 있습니다.

강압적인 산아 제한 프로그램에 대한 비판

정부에서 실시하는 산아 제한 프로그램이라고 모두가 신뢰하는 것은 아닙니다. 정부 프로그램을 비판하는 이들은 다음과 같은 부분을 걱정하지요.

- 자녀 출산에 관한 개인의 자유로운 선택권을 침해할 가능성
- 가난하고 복지 혜택을 받지 못한 사람들을 상대로 피임을 강요해 사회적 불평등을 초래할 가능성
- 남아 선호 사상과 같이 사람들이 특정 성별을 선호하여 심각한 사회적 성비 불균형이 초래될 가능성
- 아이를 낳지 않아 장차 인구 구성이 노령화될 가능성
- 멕시코시티 정책의 예처럼 선진국들이 원조를 빌미로 가난한 나라의 가족계획과 관련된 내부 정책에 영향력을 행사할 가능성
- 상애아 낙태와 같이 우생학의 형태로 악용될 가능성

위에서 나열된 항목들은 모두 대단히 심각한 문제들이며 역사상 적

알아두기

유엔은 2050년이 되기 전까지 여덟 개 나라의 인구가 세계 인구의 절반을 차지할 거라고 예측했다. 그 8개국은 나이지리아, 미국, 방글라데시, 에티오피아, 인도, 중국, 콩고 민주 공화국, 파키스탄이다.

어도 한두 번은 실제 일어났던 일들입니다. 20세기의 상당 기간 미국은 우생학의 연구 결과를 근거로 수만 명의 자국민들에게 강제 불임 시술을 실시했습니다. 지적 장애 등 열등한 유전 인자를 다음 세대에 물려주지 않는 게 국가의 책무라고 믿었기 때문이지요.

독일의 나치 정부 등 다른 나라에서도 미국과 유사한 강제 불임 프로그램이 실시되었지만 세계대전 후 대부분 중지되었습니다. 그러나 비교적 최근인 1980~1990년대에도 소련의 강제 수용소에서 여성 노동

찬성 vs 반대

21세기 유엔의 목표, 그중에서도 빈곤과 기아를 극복하려는 목표는 인구 문제가 제대로 다뤄져야 해결할 수 있다. 여성의 권리 증진, 성과 임신·출산에 대한 적절한 교육, 가족계획 등 전반적인 분야에서 더 많은 관심과 투자가 필요하다.

– 코피 아난 유엔 7대 사무총장

각국의 정상들에게 전한다. 바라건대 자국민의 도덕성을 훼손하는 행위를 용인하지 마라. 가족은 국가에서 가장 중요한 단위다. 하느님이 정한 자연의 법칙을 거스르는 인간의 법은 그 무엇도 용납돼서는 안 된다. 인구 문제를 해결할 수 있는 다른 방법은 분명히 존재하며 국가가 할 일은 이를 적극적으로 찾아 나서는 것이다. 가족을 보호하고 시민의 자유와 도덕을 고양할 수 있는 교육에 관한 법을 만들어야 한다.

– 인간 생명에 관하여, 1968년 교황 바오로 6세의 회칙

자들을 대상으로 강제 불임 시술이 행해졌어요. 이미 앞에서 본 것처럼 1970년대 인도에서도 비슷한 예가 있었고요. 사실 소련과 인도의 전례는 국가적인 산아 제한 프로그램을 반대하는 이들이 내세우는 핵심 사례입니다. 국가 차원에서의 산아 제한 정책을 지지하는 사람들조차 이들 국가에서와 같은 강압적인 프로그램에 동조하지 않습니다.

산아 제한 정책의 지지자들은 일부 개발 도상국에서 국민들의 자발적인 참여를 전제로 진행되고 있는 각종 피임 프로그램들이 인기가 매우 높다는 사실을 지적합니다. 그럼에도 현재 전 세계 인구 중 최소 1억 2,500만 명에서 최대 2억 명은 피임을 원하는데도 하지 못하고 있는 실정입니다. 피임 프로그램이 가장 절실히 필요한 곳에 미치지 못하는 것은 궁극적으로 수백만 명을 굶주림과 빈곤의 고통 속으로 내모는 것과 같은 일이라는 게 이들의 주장입니다.

간추려 보기

- 오늘날 제3세계의 빈곤, 굶주림, 환경오염을 해결할 수 있는 유일한 방법은 인구 증가를 통제하는 것이다. 원한다면 누구나 피임을 할 수 있도록 피임에 대한 진입 장벽을 낮춰야 한다.
- 인구 증가를 통제하려는 정부의 개입은 자칫 사회적, 인종적, 성적 차별과 인권 침해로 이어질 수 있다.

7

성교육의 역할

지난 세기 동안 피임법을 효과적이고 올바르게 알리고자 노력해 온 결과 한 가지 분명하게 드러난 사실이 있습니다. 바로 성교육이야말로 효과가 가장 뛰어난 피임법 중 하나라는 것이지요. 여기에서 말하는 성교육이란 인간의 몸에 대한 기본적인 지식에서 출발해 성행위, 피임, 여성의 건강, 임신과 출산, 가족계획 등까지 모두 포괄하는 개념을 의미합니다.

지난 세기 동안 피임법을 효과적이고 올바르게 알리고자 노력해 온 결과 한 가지 분명하게 드러난 사실이 있습니다. 바로 성교육이야말로 효과가 가장 뛰어난 피임법 중 하나라는 것이지요. 여기에서 말하는 성교육이란 인간의 몸에 대한 기본적인 지식에서 출발해 성행위, 피임, 여성의 건강, 임신과 출산, 가족계획 등까지 모두 포괄하는 개념을 의미합니다.

성교육에 대한 논란

성교육, 특히 청소년을 대상으로 하는 성교육이 옳은가 그른가 하는 논쟁은 아직 현재 진행형입니다. 성교육을 이유로 청소년들에게 성행위에 대해 알려 주는 게 오히려 성관계를 부추긴다는 우려 섞인 목소리도 있어요. 반면 언젠가는 접하게 될 성에 대해 쉬쉬하지 말고 그전부터 미리 해롭거나 위험할 수 있는 부분에 대해 정확한 정보를 제공해 주어야 한다는 반박도 있지요.

1960~1970년대에 들어 미국과 유럽을 중심으로 일선 학교에 종합적이고 지속적인 성교육이 도입되었습니다. 이후 10대 임신이 줄었고

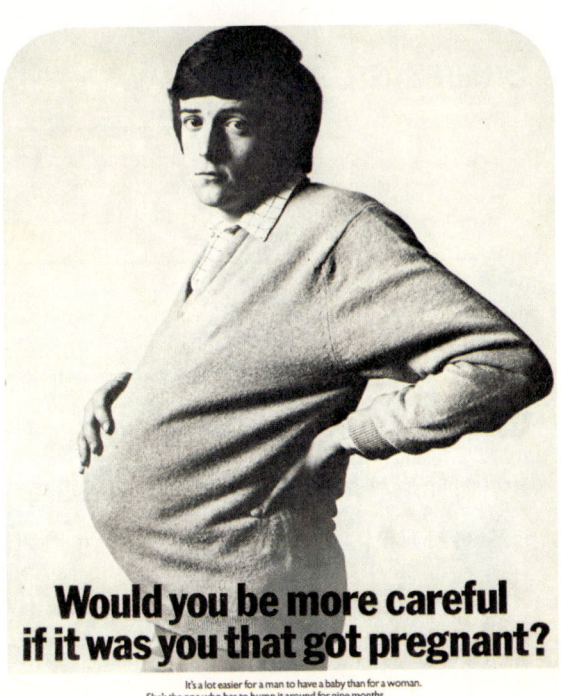

Would you be more careful if it was you that got pregnant?

It's a lot easier for a man to have a baby than for a woman.
She's the one who has to lump it around for nine months.
She's the one who has to grin and bear it. Backache,
morning sickness and all.
It's not a lot of fun being pregnant, if you don't want the
baby. It's not a lot of fun being an unwanted baby, either.

The Health Education Council

Anyone married or single, can get advice on contraception, from their local family planning clinic.

> 피임에 대한 사람들의 인식을 일깨우기 위해 1960년대 말에서
> 1970년대 초에 국가적인 캠페인이 시작되었다. 이 포스터는
> 1970년대에 호주 빅토리아 시 가족계획 협회에서 만든 것으로
> 피임에 대한 사회적 태도 변화를 알리는 상징이 되었다.

일부의 우려와는 달리 난잡한 성관계가 늘어나지도 않았다는 연구 결과
가 수차례 발표되었습니다.

네덜란드와 영국의 사례

네덜란드의 학교에서는 임신과 출산에 대한 생물학적인 내용에서 피

임과 성행위에 대한 사회적 가치까지 퍽 넓은 영역에서 자유로운 토론 수업을 병행합니다. 교육 목표는 12~15살 청소년들이 성에 대해 자유롭게 의견을 나누고 자신의 행동에 대해 신중하고 책임감 있는 결정을 내릴 수 있는 능력을 키워 주는 거예요. 또한 여학생들에게는 또래 집단의 압력에 굴하지 않고 개인의 의견을 당당히 표현할 수 있는 자신감과 능력을 키워 주고자 노력합니다.

네덜란드 교육 당국이 이처럼 과감한 시도를 할 수 있었던 건 정부와 학부모들이 보내 준 열렬한 지지 덕분이지요. 그 결과 네덜란드는 세계에서 가장 낮은 10대 출산율을 기록하고 있어요.

반면 영국은 유럽에서 가장 높은 10대 출산율을 보이고 있으며 미국은 선진국은 물론 어지간한 개발 도상국과 비교해도 10대 출산율이 높은 편입니다. 청소년 성교육을 지지하는 사람들은 영국과 미국의 실패 사례를 두고 정확하고 심도 있는 성교육을 지속적이고 폭넓게 실시하지 않은 탓이라고 주장하지요.

영국에서는 11~16살까지의 교과 과정에 성교육이 포함돼 있지만 사춘기에 일어나는 신체 변화 등 주로 생물학적인 내용을 설명하는 데 그치고 있습니다. 보다 더 심층적인 교육을 실시하는지 여부는 학교마다 상황이 달라 일률적으로 말하기 어려워요. 더구나 부모가 원한다면 자녀를 성교육 수업에서 제외시킬 수도 있습니다.

네덜란드처럼 수업 중에 성에 대한 공개적인 토론을 이끌어 내기도 어려운 분위기입니다. 교사가 수업 중에 알게 된 학생의 성관계 관련 정보를 알려 주길 바라는 부모들이 많기 때문이지요. 미국 역시 성교육의 수준이 주마다 다릅니다. 임신·출산, 모성 건강, 피임에 관한 포괄적인 내용을 가르치는 주에서부터 금욕만 강조하는 주까지 제각각이지요.

책임 있는 선택

오늘날 우리가 직면하고 있는 인구 증가, 빈곤과 기아, 성병의 확산, 원치 않은 임신, 피임과 낙태 등은 어느 것 하나 쉽게 해결될 성격의 문제가 아닙니다. 여러분이 세계 어느 나라에서 살고 있고 어떤 사람인지에 상관없이 삶의 여정에서 피임을 결정해야 할 시기와 마주치게 될 거예요. 바라건대 그 선택이 정확한 지식과 여러분의 자유로운 의사를 바탕으로 한 현명한 결정이 되길 소망합니다.

오늘날 청소년들 사이에서는 임신에 대한 걱정과 함께 성병에 대한 두려움도 커지고 있다.

알아두기

매년 전 세계적으로 약 1,400만 명에 달하는 10대 소녀들이 엄마가 되고 있다.

간추려 보기

- 청소년 시기의 성교육은 필수라는 주장이 있다. 지속적이고 종합적인 성교육은 청소년들이 정확한 정보를 바탕으로 스스로의 생각에 따라 성적 의사 결정을 내리고 원치 않는 임신과 성병 감염을 막게 도와주는 가장 효과적인 방법이라는 것이다.
- 자녀들에게 어떤 종류의 성교육을 언제 어떻게 해 줘야 하는지 결정하는 건 오로지 부모의 몫이라는 반론도 있다. 이들은 과도한 성교육이 성에 대해 지나치게 자유로운 태도가 도덕적으로 용납된다는 오해를 불러일으킬 수 있다고 주장한다.

용어 설명

가임 새로운 생명을 만들어 내는 능력. 남성은 정자, 여성은 난자를 생산할 수 있는 능력을 말한다.

나팔관 여성의 난소 바깥쪽에서 자궁으로 이어지는 두 개의 관. 수정은 주로 나팔관 안에서 이루어진다.

단종법 우생학적 이유로 유전성 지적 장애인의 생식 능력을 없애도록 한 법. 미국에서 최초로 입법돼 이후 독일, 스웨덴, 노르웨이 등에서도 제정됐다.

불임 시술 임신 가능성을 없애기 위해 생식 기관의 일부를 막거나 제거하는 수술.

사정 남성의 정자가 고환에서 나와 수정관을 지나 성기를 통해 몸 밖으로 배출되는 과정.

살정제 피임 목적으로 정자를 죽이는 약. 크림, 젤, 좌약 등의 형태를 띠고 있다.

생리 주기 매월 난소와 자궁의 안쪽 벽(자궁 내막)에서 일어나는 여성 고유의 신체 주기. 10대 초반의 초경부터 50살 무렵의 폐경까지 매월 주기적으로 반복된다.

성병 성행위를 통해 상대에게 전달될 수 있는 각종 질병.

수정 새 생명이 시작되는 과정으로 정자가 난자와 합쳐져 수정란을 만드는 것.

수정관 남성의 생식 기관 중 일부로 정자를 고환에서 성기로 옮기는 도관.

에스트로겐 매우 중요한 여성 호르몬 중 하나. 생리 주기를 조절하고 자궁 발달을 촉진시키는 역할을 한다.

유산 자연적인 이유로 수정란이나 배아, 태아를 잃는 것.

유전자 세포에 저장된 정보의 단위. 유전자

는 부모 개체로부터 물려받는 것으로 각 생명체별로 기본적인 생체 구조, 발달, 행동 양식 등에 중요한 영향을 준다.

유전자 풀 일정 그룹 또는 일정 인구 집단 안에 존재하는 유전자의 다양성과 범위. 대체로 다양한 유전자 구성이 더 강하고 건강한 집단을 만든다. 선택적이고 제한된 유전자 구성은 생물학적으로 부실한 집단을 만들 수 있다.

자궁 여성의 생식 기관 중 일부로 수정된 난자가 착상해 배아로 발달하고 태아로 성장하는 장소.

폐경 난소의 노화에 따라 여성의 생리가 중단되어 더는 아이를 가질 수 없게 되는 것. 자연적인 신체 변화 과정 중 하나다.

프로게스테론 난소의 황체나 태반에서 주로 분비되며 임신을 유지하는 기능을 하는 호르몬. 생리가 없거나 습관성 유산을 치료할 때 쓰인다.

프로게스토겐 여성 호르몬과 유사한 인공 호르몬. 임신을 유지하는 데 도움을 주고 임신 기간 동안 다른 난자가 만들어지지 않도록 막아 주는 역할을 한다.

호르몬 몸의 생리적 과정에 관여하는 화학 물질. 몸 안에서 자연적으로 생성된다. 인공적으로 만들어 쓰는 호르몬 제제도 있는데 먹는 피임약이 대표적이다.

HIV 인체 면역 결핍 바이러스. Human Immunodeficency Virus의 약자다. 이 바이러스에 감염된 사람은 에이즈라는 질병을 앓을 수 있다.

연표

기원전 1550년대	고대 이집트인들은 임신을 막기 위해 질 안에 여러 가지 물질을 넣어 정자의 접근을 막았다.
1500년대	가브리엘 팔로피오(Gabriele Falloppio)가 아마천으로 만든 콘돔 사용에 대한 최초의 기록을 남겼다. 여성 생식 기관 중 하나인 나팔관을 뜻하는 '팔로피안 튜브'도 그의 이름에서 따온 것이다.
1800대	토머스 맬서스가 금욕을 통해 인구 증가를 억제해야 한다고 주장했다.
1838년	독일에서 고무로 만든 자궁 경부 캡이 사용됐다.
1850년대	고무로 만든 콘돔이 개발됐다.
1873년	미국에서 콤스톡 법이 제정됐다. 피임과 관련된 정보나 광고를 음란물로 규정해 금지했다.
1880년대	고무로 만든 질내 가로막이 독일에서 사용됐다.

1916년	마거릿 생어가 미국 뉴욕에서 첫 피임 클리닉을 열었다.
1921년	마리 스톱스가 영국 북런던에서 첫 피임 클리닉을 열었다.
1930년	영국 성공회 교회가 결혼한 부부의 피임을 허락했다. 1931년에는 미국 기독교 연합회가 그 뒤를 따랐다. 그러나 로마 가톨릭교회는 교황 비오 11세의 성명을 통해 모든 형태의 인공적인 산아 제한을 금지했다.
1936년	콤스톡 법이 완화됐다. 그러나 완전한 폐지는 1965년까지 기다려야 했다.
1950년	세계 최초로 인도에서 국가적인 가족계획 프로그램을 실시했다.
1960년	먹는 피임약과 플라스틱 재질의 자궁 내 장치(IUD)가 개발됐다.
1967년	영국이 낙태 관련법을 통해 임신 후 28주까지 낙태를 허용했다. 이 법은 1990년에 24주로 조정됐다.
1970년	먹는 피임약의 잠재적인 부작용에 대한 사례가 처음으로 보고됐다.
1973년	미국 연방 대법원은 임신 후 3개월 이내에 낙태를 결정할 수 있는 권리가 여성에게 있다는 내용의 판결을 내렸다.

1979년	중국이 한 자녀 정책을 시작했다.
1980년대	사후 피임약을 비롯해 다양한 종류의 호르몬을 이용한 피임이 가능해졌다.
1981년	첫 번째 에이즈 발병 사례가 보고됐다.
2005년	세계 보건 기구가 매년 약 2억 1,100만 명이 임신을 하고 그중 4,600만 명이 낙태 시술을 받고 있으며 이들 중 약 40퍼센트가 안전이 보장되지 않은 시술이라고 발표했다.

더 알아보기

낙태반대운동연합 prolife.or.kr
생명사랑 운동, 미혼모 지원, 낙태 상담 등을 하는 시민 단체. 낙태 예방, 위기 임신 상담실 운영, 출산 지원 등의 사업도 겸하고 있다.

대한산부인과의사회 피임생리연구회 wisewoman.co.kr/piim365
대한산부인과의사회 의사들이 개설한 피임·생리 사이트. 생리와 임신에서 각자에 맞는 피임법과 생리전증후군에 이르기까지 피임과 생리에 관한 다양한 정보를 얻을 수 있다. 산부인과 전문의와 즉석 상담할 수 있는 온라인 환경이 구축돼 있다.

보건복지부 인구보건복지협회 ppfk.or.kr
가족 보건·복지 서비스 증진을 통해 국민 생활의 안정을 추구하는 공공단체. 청소년 성교육, 산모 도우미, 노인 돌보미, 여성 건강 클리닉 사업 등을 한다. 홈페이지에서 성상담, 불임 상담 서비스를 제공하고 청소년 성교육 관련 자료도 구입할 수 있다.

프로라이프 의사회 prolife-dr.kr
프로라이프 의사회는 종교적 논리를 떠나 순수하게 의학, 생명 과학, 생명 윤리, 성 윤리의 입장에서 낙태 문제를 포함한 전반적인 생명 존중 운동을 실천하는 의사 단체다. 특히 낙태 문제에 집중하고 있으며 태아의 생명권을 보호하는 일에 매진하고 있다.

피임연구회 piim.or.kr
피임에 대한 새로운 지식을 교환하고 올바른 피임법을 알리고자 하는 산부인과 의사들의 모임. 피임에 관심 있는 시민과 의료인들에게 정확한 정보를 신속하게 알리는 게 목적이다. 홈페이지를 통해 피임 관련 상담 서비스도 제공하고 있다.

한국성교육센터 ksec.or.kr
가정과 학교에서 부족한 성교육을 강화하고 건강한 성 문화 정착에 기여하고자 설립된 단체. 교육 대상은 어린이와 청소년은 물론 일반 성인층까지 포함한다. 특히 성인을 대상으로 하는 성교육은 에이즈를 비롯한 각종 성병 예방 취지에서 진행한다.

한국여성의전화 낙태에대한이야기 hotline.or.kr/respect
모든 폭력으로부터 여성의 인권을 보호하고 여성의 복지 증진과 가정, 직장, 사회에서의 양성평등을 이룩하는 것을 목적으로 하는 여성 인권 단체. 낙태에 대한 개인적인 의견, 상담, 사례 등 자유롭게 자신의 의견을 나누는 공간이다.

찾아보기

내인생의책은 한 권의 책을 만들 때마다
우리 아이들이 나중에 자라 이 책이 '내 인생의 책'이라고 말할 수 있는 책을 만들고자 합니다.

세상에 대하여 우리가 더 잘 알아야 할 교양

⑳ 피임 인구 조절의 대안인가? (원제: Birth Control)

재키 베일리 글 | 장선하 옮김 | 김호연 감수

초판 인쇄일 2013년 2월 28일 | 초판 발행일 2013년 3월 8일
펴낸이 조기룡 | 펴낸곳 내인생의책 | 등록번호 제10-2315호
주소 서울시 마포구 망원동 385-39 3층 (우)121-821
전화 (02)335-0449, 335-0445(편집) | 팩스 (02)6499-1165
전자우편 bookinmylife@naver.com | 카페 http://cafe.naver.com/thebookinmylife
편집주간 한소원 | 편집장 이은아 | 책임편집 조일현 | 편집 김지연 황윤진 손유진 박소란 강길주
디자인 이자현 한은경 심재원

이 책의 한국어판 저작권은 Imprima Korea Agency를 통해
Hodder and Stoughton Limited와의 독점 계약으로 **내인생의책**에 있습니다.
저작권법에 의해 한국 내에서 보호를 받는 저작물이므로 무단전재와 무단복제를 금합니다.
ISBN 978-89-97980-21-5 44300
ISBN 978-89-91813-19-9 44300(세트)
(CIP제어번호: 2013000592)

Birth Control
Copyright ⓒ 2009
Published by arrangement with Hodder and Stoughton Limited
on behalf of Wayland, a division of Hachette Children's Books
All rights reserved.

Korean Translation Copyright ⓒ 2013 by TheBookInMyLife Publishing Co
Korean edition is published by arrangement with Hodder and Stoughton Limited
through Imprima Korea Agency

책값은 뒤표지에 있습니다. 잘못된 책은 구입처에서 바꾸어 드립니다.

책은 나무를 베어 만든 종이로 만듭니다.
그래서 원고는 나무의 생명과 맞바꿀 만한 가치가 있어야 합니다.
그림책이든 문학, 비문학이든 원고 형식은 가리지 않습니다.
여러분의 소중한 원고를 bookinmylife@naver.com으로 보내주시면
정성을 다해 좋은 책으로 만들겠습니다.

디베이트 월드 이슈 시리즈

세상에 대하여 우리가 더 잘 알아야 할 교양

전국사회교사모임 선생님들이 번역한 신개념 아동·청소년 인문교양서!

《디베이트 월드 이슈 시리즈 세더잘》은 우리 아이들에게 편견에 둘러싸인 세계 흐름에서 벗어나 보다 더 적확한 정보와 지식을 제공합니다. 모두가 'A는 B이다.'라고 믿는 사실이, 'A는 B만이 아니라, C나 D일 수도 있다.' 는 것을 알려 주면서 아이들이 또 다른 진실을 발견하도록 안내합니다.

★ 전국사회교사모임 추천도서 ★ 문화체육관광부 우수교양도서 ★ 한국간행물윤리위원회 청소년 권장도서
★ 서울시교육청 추천도서 ★ 보건복지부 우수건강도서 ★ 아침독서 추천도서 ★ 대교눈높이창의독서 선정도서
★ 학교도서관저널 추천도서

세더잘 19

유전 공학 과연 이로울까?

피트 무어 글 | 서종기 옮김 | 이준호 감수

유전 공학 기술의 발전과 활용은 반드시 필요하다.
vs 생물의 기본 구성 요소를 건드리는 것은 위험한 일이다.

인류는 인간의 삶에 유용하도록 동식물의 유전자를 변형시켜 왔습니다. 복제 양 돌리가 탄생하고 우유를 많이 생산해 내는 젖소와 육질이 풍부한 소는 물론 털이 빨리 자라는 양과 병해충과 농약에 강한 농작물 등이 바로 그 결과물입니다. 유전 공학의 발전으로 생명 연장의 길이 열리게 되었다고 열광하는 사람들도 있습니다. 이처럼 날로 발전하는 유전 공학의 기술이 과연 인간에게 이로운 것인지에 대해 함께 토론해 봅시다.

세더잘 18

낙태 금지해야 할까?

재키 베일리 글 | 정여진 옮김 | 양현아 감수

낙태는 개인의 선택에 맡겨야 한다.
vs 국가가 규제하고 제한해야 한다.

낙태는 금지되어야 할까, 아니면 허용해야 할까? 만약 허용한다면 어디까지 허용해야 할까? 이와 같은 낙태에 대한 논쟁은 아주 오래전부터 끊임없이 지속되어 왔습니다. 낙태는 아이를 가진 여성 개인의 문제만이 아닌 태아를 하나의 인격체로 봐야 하는지 아닌지에 대한 부분까지 고려해야 하는 결코 쉽지 않은 주제입니다.

세더잘 17
프라이버시와 감시 자유냐, 안전이냐?

캐스 센커 글 | 이주만 옮김 | 홍성수 감수

프라이버시는 인간의 본질적 권리로 우리 모두가 지켜 나가야 한다.
vs 개인 PR의 시대, 자신의 프라이버시를 얼마큼 보호하느냐는 각자가 선택할 사항이다.

거리 곳곳에는 CCTV가 넘쳐나고, 생체 정보로 신원을 확인하고, 인터넷을 쓰려면 사이트마다 개인 정보를 입력해야 하는 등 프라이버시 침해와 일상적인 감시가 만연한 시대가 되었습니다. 범죄 예방 등 공동체의 안전을 담보하고 정보화 시대의 편익을 누리면서도 기본적 인권인 프라이버시를 어떻게 지켜 낼 수 있을지 생각해 봅니다.

세더잘 16
소셜네트워크 어떻게 바라볼까?

로리 하일 글 | 강인규 옮김

소셜 네트워크는 표현의 자유를 확장할 것이다.
vs 사생활 침해를 증가시킬 것이다.

페이스북이나 트위터와 같은 소셜 네트워크는 우리가 더 빠르고 빈번하게 소식을 주고받도록 도와줍니다. 아이티에서 지진이 발생했을 때도, 허리케인이 미국을 강타했을 때도, 이 소식을 가장 먼저 전했던 것은 바로 SNS였습니다. 하지만 역기능도 만만치 않습니다. 소셜 네트워크는 우리 생활을 어떻게 바꾸고 있을까요?

세더잘 15
인권 인간은 어떤 권리를 가질까?

은우근, 조셉 해리스 글 | 전국사회교사모임 옮김

인권은 모든 지역, 모든 사람에게 동등하게 적용되어야 한다
vs 인권의 잣대를 일률적으로 들이대선 안 된다

신문을 펼치면 연일 보도되는 비정규직 문제, 주택 문제, 성 폭력, 학교 폭력, 이주민 문제 등 인간사 모든 것이 인권과 관련되어 있습니다. 이 책은 인권 개념의 발견에서부터 하나하나의 구체적 권리를 세우기까지 인권 발전의 역사를 통해 인권의 이론과 실재를 한눈에 살피고 인권감수성을 키워 줍니다.

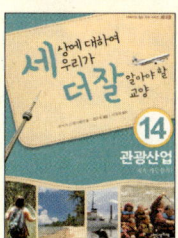

세더잘 14
관광산업 지속 가능할까?

루이스 스펠스베리 글 | 정다워 옮김 | 이영관 감수

관광산업은 일자리를 창출하고, 국가 경제에 큰 도움이 된다.
vs 관광산업은 자연을 훼손하고, 현지인의 전통적 삶의 방식을 파괴한다.

관광산업이 커지면서 사람들은 경제가 발전하고 다른 문화에 대한 접근성이 높아지는 이점을 누리게 되었습니다. 한편, 관광산업 노동자들의 근로 환경이 오히려 열악해지거나 자연이 훼손되는 부작용도 생겨났습니다. 이러한 문제들을 극복하기 위한 관광이 바로 지속 가능한 관광입니다. 책임관광, 공정여행이라고도 불리는 지속 가능한 관광을 다양한 관점에서 성찰해 봅니다.

세더잘 13
동물실험 왜 논란이 될까?

페이션스 코스터 글 | 김기철 옮김 | 한진수 감수

동물실험은 과학과 의학의 진보를 위해 반드시 필요하다.
vs 동물실험은 무의미하게 생명을 죽이므로 폐지해야 한다.

동물실험은 새로이 개발된 의약품이나 화학물질 등을 시판하기 전, 그 안전성을 검증하기 위해서 거치는 과정입니다. 인류는 수많은 동물의 희생으로 건강한 삶을 얻었습니다. 그러나 그 희생이 과연 윤리적으로 합당한지는 생각해 볼 문제입니다. 첨예한 논란을 일으키는 동물실험의 찬반양론을 명쾌하게 정리한 이 책을 읽고 과학 윤리에 대해 생각해 봅시다.

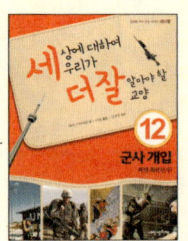

세더잘 12
군사 개입 과연 최선인가?
케이 스티어만 글 | 이찬 옮김 | 김재명 감수

군사 개입은 인권 보호를 위해 필요하다.
vs 군사 개입은 다른 나라의 주권을 침해할 뿐이다.

군사 개입은 세계에서 가장 논란이 되는 문제 중 하나입니다. 군사 개입으로 인해 사람이 죽고 공동체가 파괴되기 때문이지요. 폭력을 막기 위해 또 다른 폭력을 사용해도 될까요? 전쟁에 시달리고 있는 지구촌이 평화를 되찾는 법은 없을까요? 이 책은 국제 사회의 뜨거운 감자, 군사 개입을 다루며 지구촌 폭력과 평화에 대해 폭넓게 성찰하게 합니다.

세더잘 11
사형제도 과연 필요한가?
케이 스티어만 글 | 김혜영 옮김 | 박미숙 감수

사형은 국가가 행하는 합법적인 살인이므로 폐지되어야 한다.
vs 사형은 범죄를 억제하는 가장 효과적인 방법이므로 존치시켜야 한다.

사형제도 존폐를 둘러싼 팽팽한 논쟁은 지금도 이어지고 있습니다. 이 책은 사형제도 존폐론 외에도 사형 집행의 과정을 생생한 사례와 구체적인 논거로 철저히 분석합니다. 과연 사형에서 공정한 집행이 이루어지고 있는지, 오류는 없는지 등을 포함해, 사형제도를 둘러싼 국제적 이슈를 담아냈습니다. 이 책을 읽고 사형제도에 대한 자신만의 생각을 정립해 봅시다.

세더잘 10
성형수술 외모지상주의의 끝은?
케이 스티어만 글 | 김아림 옮김 | 황상민 감수

미용 성형 산업을 객관적인 시선으로 바라보도록 도와주어
현대 사회에 대한 근본적인 물음을 던지게 하는 책

성형 수술의 역사, 의미, 효과, 역사적 배경, 성형 산업의 현실 등을 상세하게 설명해 미용 성형에 대해 스스로 생각하고 합리적으로 판단할 수 있는 힘을 길러줍니다. 마땅히 '수정되어야 할 몸'에 대한 끊임없는 강박과 열등감이 만연한 현대 사회를 어떻게 바라봐야 할지 다시 한 번 깊이 생각하게 해 줄 것입니다.

세더잘 09
자연재해 인간과 자연이 공존하는 길은?
안토니 메이슨 글 | 선세갑 옮김

자연재해에 관한 사회·과학 통합서
'자연 대 인간'에서 '자연과 인간'으로!

이 책은 자연재해의 유형과 원인을 과학 원리로 설명하고, 피해자 구조나 복구 과정, 방재 대책 등에 관해 체계적으로 살펴봅니다. 또한 자연재해의 이면에 숨어 있는 정치·경제적인 논의와 함께 인간의 무분별한 행태가 재해를 부추기는 면도 지적하며 인문학적인 성찰을 유도합니다.

세더잘 08
미디어의 힘 견제해야 할까?
데이비드 애보트 글 | 이윤진 옮김 | 안광복 추천

미디어는 규제받아야 한다. vs 미디어는 자유로워야 한다.

오늘날 제4의 권력이라고 불릴 정도로 강력해진 미디어의 힘에 대해 알아봅니다. 미디어를 지탱하는 언론 자유와 그 힘을 통제하려는 정부의 규제 사이에 벌어지는 논쟁에 대한 다양한 관점을 제시하고, 미래의 미디어가 나아가야 할 방향에 대해서 생각해 보도록 돕습니다.

세더잘 07
에너지 위기 어디까지 왔나?

이완 맥레쉬 글 | 박미용 옮김

지구 온난화, 전쟁과 테러, 허리케인…
이 모든 것은 에너지 위기에서 비롯되었다!

우리는 에너지 없는 세상에서 하루도 살 수 없습니다. 하지만 현재 속도로 에너지를 소비한다면 앞으로 40년 이내에 주에너지원인 석유가 고갈될 것입니다. 이 책은 에너지 위기가 불러올 정치, 사회, 경제, 환경의 변화를 알아보고, 무엇이 화석연료를 대신할 차세대 에너지원이 될지 꼼꼼히 따져 봅니다.

세더잘 06
자본주의 왜 변할까?

데이비드 다우닝 글 | 김영배 옮김 | 전국사회교사모임 감수

인류를 위한 가장 바람직한 자본주의의 변화상은 무엇인가?

자본주의의 역사와 발전상에 대해 알아보면서 자본주의라는 경제 체제가 인류를 위해 어떻게 복무했는지, 문제가 발생하면 그때마다 인류에게 봉사하기 위해 어떤 모습으로 변신했는지에 대해 알아봅니다. 이를 통해 논쟁이 끊이지 않는 21세기의 자본주의가 어떻게 변해야 할지에 대해 생각해 보도록 합니다.

세더잘 05
비만 왜 사회문제가 될까?

콜린 힌슨, 김종덕 글 | 전국사회교사모임 옮김

왜 지구 한쪽에서는 굶어 죽는데,
다른 한쪽에서는 비만으로 죽는 걸까?

이 책은 이러한 역설에서 출발합니다. 오늘 '비만'이 왜 사회 문제가 되었는지 역사적, 문화적 관점에서 살피고 선진국과 개발도상국에서 나타나는 비만 문제의 양상과 그 속에 숨은 식품산업의 어두운 그림자, 나아가 전 세계적 차원의 식량 문제로까지 사고의 범위를 넓혀 줍니다.

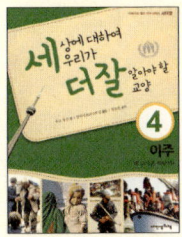

세더잘 04
이주 왜 고국을 떠날까?

루스 윌슨 글 | 전국사회교사모임 옮김 | 설동훈 감수

지구촌 다문화 시대의 국제 이주 바로 알기

오늘날 국제 사회와 다문화, 다민족 사회를 이해하기 위해 꼭 알아야 할 '이주'에 관한 책. 왜 사람들은 이주를 선택하거나 강요받는지에 대한 다양한 관점을 제시하고, 또 이에 대한 정부의 정책과 국제기구의 활동도 알려 줍니다.

세더잘 03
중국 초강대국이 될까?

안토니 메이슨 글 | 전국사회교사모임 옮김 | 백승도 감수

세계 초강대국으로 떠오르고 있는 중국 바로 알기

우리나라는 정치·경제적으로 중국과 더욱 긴밀한 관계를 맺고 있습니다. 가까운 미래에 중국의 영향력은 더 커질 것이기에 중국을 제대로 이해해야 합니다. 이 책은 객관적 시선으로 중국을 편견 없이 바라보도록 돕습니다.

세더잘 02

테러 왜 일어날까?

헬렌 도노호 글 | 전국사회교사모임 옮김 | 구춘권 감수

평화로운 세상을 위해 더 잘 알아야 하는 불편한 진실, 테러

이 책은 테러에 대해 어떤 특정 사건과 집단 대신 '테러'라는 하나의 축으로 세계 갈등의 역사를 조망합니다. 나아가 평화로운 세상을 만들기 위해서 테러에 대해 잘 알아야 한다고 역설합니다.

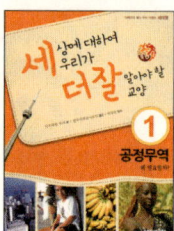

세더잘 01

공정무역 왜 필요할까?

아드리안 쿠퍼 글 | 전국사회교사모임 옮김 | 박창순 감수

공정 무역 = 페어플레이, 초콜릿과 축구공으로 보는 세계 경제의 진실

공정무역을 포함한 무역과 시장경제를 올바르게 이해하도록 돕습니다. 오늘날 기업은 생존과 발전을 위해서 사회적 책임을 다해야 하고, 따라서 공정무역에 관심을 가질 수밖에 없습니다. 우리 아이들이 미래의 리더가 되기 위해 꼭 알아야 할 공정무역에 관한 책입니다.

※디베이트 월드 이슈 시리즈 **세더잘**은 계속 출간됩니다.